Inglés
comercial

SARAH SNELLING
OLGA HERNANDO ARRANZ
RICHARD BEEVOR

LIBSA

© 2015, Editorial LIBSA
San Rafael, 4
28108 Alcobendas (Madrid)
Tel. (34) 91 657 25 80
Fax (34) 91 657 25 83
e-mail: libsa@libsa.es
www.libsa.es

ISBN: 978-84-662-3109-1

Colaboración en textos: Sarah Snelling, Olga Hernando Arranz,
Richard Beevor
Edición: Equipo editorial Libsa
Maquetación: Equipo de maquetación Libsa
Diseño de cubierta: Equipo de diseño Libsa

CONTENIDO

PRESENTACIÓN

Hablemos de negocios. Cada día son más las empresas que requieren empleados con un buen nivel de inglés, y cada día son más las personas que salen a buscar nuevas oportunidades de trabajo o de negocios en el extranjero.

Saber moverse cómodamente en otro país empieza a ser una prioridad en un mercado laboral que se va globalizando a pasos agigantados, con las ventajas e inconvenientes que ello acarrea.

Para aquellos que desean mejorar su situación laboral u obtener algún que otro merecido ascenso, saber manejarse en otro idioma es un valor añadido. Para tratar con clientes y proveedores de otros países, el idioma de los negocios por excelencia es el inglés. Ni que decir tiene que un malentendido en las comunicaciones puede dar lugar a infortunadas consecuencias...

Este manual de inglés de los negocios es fundamentalmente práctico. En él se describe, de forma amena y sencilla, la gramática básica y el vocabulario que le ayudará a echar unos firmes cimientos sobre los que edificar un conocimiento del idioma que le permita viajar al extranjero, enfrentarse a una reunión de trabajo y desenvolverse con soltura en una cena de negocios. Asimismo, le facilitará las claves para presentarse a otras personas, tratar con cifras, buscar empleo, comunicarse eficazmente por teléfono o correo, cerrar tratos y cumplir las expectativas en reuniones y acontecimientos sociales.

Cada capítulo se abre con una breve introducción bilingüe sobre el tema que se aborda, y se va introduciendo la gramática y el vocabulario de manera práctica, generalmente a través de diálogos en los que se plasman diversas situaciones habituales.

Al final del libro, podrá poner a prueba el alcance de sus conocimientos con una serie de ejercicios, encontrando a continuación la respuesta a cada uno de ellos. No olvide tomar buena nota de las peculiaridades y excepciones que se indican bajo los apartados «Take note!».

Para asegurarnos de que no queda ninguna duda, incluimos un apéndice de gramática y otro de vocabulario, con las expresiones y términos más útiles ordenados alfabéticamente. De igual modo, encontrará una ampliación de la sección de correspondencia «Writing business letters», que recopila una completa selección de modelos de cartas de diversos tipos.

Tiene el mundo de los negocios en sus manos - ¡Atrévase a dominarlo! Now you're talking. You're talking business!

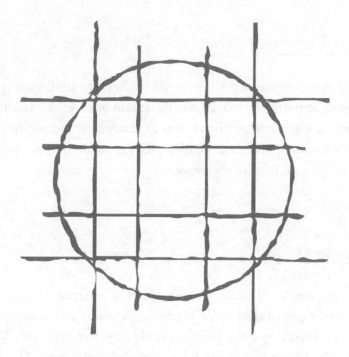

1. INTRODUCTIONS

What happens when you want to introduce yourself or someone else? When you first meet someone it is polite to shake hands and make eye contact. It is normal to use a formal vocabulary until we know someone better. We normally give our name and occupation in the company. When introducing someone else we also give their name and occupation.

¿Qué ocurre cuando quieres presentarte a ti mismo o a otra persona? La primera vez que conoces a alguien lo cortés es dar la mano y mirar a los ojos. Habitualmente usamos un vocabulario formal hasta que conocemos mejor a esa persona. Normalmente damos nuestro nombre y cargo en la empresa. Cuando presentamos a otra persona también damos su nombre y cargo.

LET'S TALK ABOUT YOU

I'm Mrs Brown. I **work for** a European natural cosmetics company. I **run** the marketing department and I **manage** a team of seven people. I'm **responsible for** promoting new products. I'm **in charge of** international relations and I **deal with** many different people. **My job involves** travelling a lot. It's very interesting and I enjoy my work.

HABLEMOS DE TI

Me llamo Sra. Brown. Trabajo en una empresa europea de cosmética natural. Gestiono el departamento de marketing y dirijo un equipo de siete personas. Soy responsable de la promoción de nuevos productos. Me encargo de las relaciones internacionales y trato con personas distintas. Mi trabajo implica viajar mucho. Es muy interesante y lo disfruto.

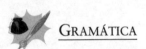 ## GRAMÁTICA

I work for	+ sustantivo
I run	+ sustantivo
I manage	+ sustantivo
I am responsible for	+ gerundio (VERBO + -ing)
I am in charge of	+ sustantivo + gerundio (VERBO + -ing)
I deal with	+ sustantivo
My job involves	+ gerundio (VERBO + -ing)

 ## PRESENT SIMPLE

ORACIONES AFIRMATIVAS

To be

I am English	**I'm** English
You are a student	**You're** a student
He/she/it is friendly	**He's** friendly
We are Spanish	**We're** Spanish
You are actors	**You're** actors
They are Italian	**They're** Italian

Otros verbos (por ejemplo «to work»)

I work in a bank
You work for a large company
He/she/it works in Scotland
We work very hard
You work late
They work together

> **TAKE NOTE!**
> Se añade una –s al infinitivo en la tercera persona del singular.

ORACIONES NEGATIVAS

«To be»

I am not English	**I'm not** English
You are not a student	**You're not (You aren't)** a student
He/she/it is not friendly	**He's not (he isn't)** friendly
We are not Spanish	**We're not (We aren't)** Spanish

You are not actors	**You're not (You aren't)** actors
They are not Italian	**They're not (They aren't)** Italian

TAKE NOTE!

Se añade «**not**» después del verbo.

Otros verbos (por ejemplo «to work»)

I don't work in a bank
You don't work for a large company
He/she/it doesn't work in Scotland
We don't work very hard
You don't work late
They don't work together

TAKE NOTE!

Es más común el uso de la contracción, por ejemplo - «**I do not live** in England» se convierte en «**I don't live** in England» y «He does not go to school» se convierte en «**He doesn't go** to school».

ORACIONES INTERROGATIVAS Y RESPUESTAS CORTAS

«To be»

Se coloca el verbo antes del sujeto:

Am I English?	Yes, you are	No, you aren't
Are you a student?	Yes, I am	No, I'm not
Is He/She/It friendly?	Yes, he/she/it is	No, he/she/it isn't
Are we Spanish?	Yes, you are	No, you aren't
Are you actors?	Yes, we are	No, we aren't
Are they Italian?	Yes, they are	No, they aren't

Otros verbos (por ejemplo «to work»)

Do I work in a bank?
Do you work for a large company?
Does he/she/it work in Scotland?
Do we work very hard?
Do you work late?
Do they work together

Yes, you are	No, you don't
Yes, I am	No, I don't
Yes, he/she/it does	No, he/she/it doesn't
Yes, you do	No, you don't
Yes, we do	No, we don't
Yes, they do	No, they don't

TAKE NOTE!
I'm responsible for... - CORRECT
I'm a responsible... - INCORRECT
I'm responsible of... - INCORRECT

I have a job/I work - CORRECT
I have a work - INCORRECT

I work for an engineering company
WORK FOR + (empresa/organización)

I work in education
WORK IN + (tipo de actividad)

I work as a receptionist
WORK AS + (empleo, puesto de trabajo)

I work in an office
I work in a restaurant
WORK IN + (lugar)

THIS IS MR WHITE

Mr White has an important meeting with the managing director of a client company, METAL Ltd. Mrs Black, from METAL Limited's public relations department, introduces him to Mr Green, the managing director of METAL Ltd.:

Mr White: Good morning. **I'm** Mr White **from** STEEL P.L.C. **I have an appointment to see** Mr Green.

Mrs Black: Good morning, Mr White. Come this way, please.

(...)

Mrs Black: Good morning, Mr Green.

Mr Green: Good morning, Mrs Black.

Mrs Black: **I would like to introduce you to** Mr White, the representative of STEEL P.L.C., our main steel supplier.

Mr Green: **Pleased to meet you,** Mr White. I'm Mr Green, the managing director of METAL Ltd.

Mr White: **It's a pleasure.**

Mr Green: Shall we get on with the meeting?

Mr White: Yes, I look forward to reaching an agreement.

ESTE ES MR. WHITE

Mr White tiene una importante reunión con el director gerente de una empresa cliente, METAL S.L. Mrs Black, del departamento de relaciones públicas de METAL S.L., le presenta a Mr Green, el director gerente:

Mr White: Buenos días. Soy Mr White, de STEEL S.A. Tengo una cita con Mr Green.

Mrs Black: Buenos días, Mr White. Por aquí.

(...)

Mrs Black:	Buenos días, Mr Green.
Mr Green:	Buenos días, Mrs Black.
Mrs Black:	Me gustaría presentarle a Mr White, el representante de STEEL S.A., nuestro principal proveedor de acero.
Mr Green:	Encantado, Mr White. Soy Mr Green, director gerente de METAL S.L.
Mr White:	Es un placer conocerle.
Mr Green:	¿Empezamos con la reunión?
Mr White:	Sí, espero que podamos llegar a un acuerdo.

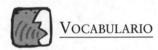 VOCABULARIO

I'm... from...	Soy... de...
I have an appointment to see...	Tengo una cita con...
I would like to introduce you to... This is...	Me gustaría presentarle a...
Pleased to meet you	Encantado
It's a pleasure	Es un placer

TAKE NOTE!

Public Limited Company (P.L.C.) - Sociedad Anónima (S.A.)
Private Limited Company (Ltd.) - Sociedad Limitada (S.L.)

I look forward to doing - CORRECT
I look forward to do - INCORRECT

JOBS AND JOB TYPES

A company is divided into different departments. These are normally: management, administrative staff (white-collar) and the manual workforce (blue-collar). The head of the company is the chairman or managing director. The heads of each administrative department are called directors: marketing director, finance director, IT director... Within each department there are also managers: sales manager, customer services manager, accounts department manager...

TRABAJO Y TIPOS DE TRABAJO

Una empresa se divide en distintos departamentos. Estos suelen ser: cuerpo directivo, personal administrativo y el personal en plantilla. El jefe de la empresa es el director gerente, los encargados de cada departamento administrativo son los directores: director de marketing, director financiero, director del departamento de IT... Dentro de cada departamento hay gerentes: gerente de ventas, gerente de atención al cliente, gerente de contabilidad...

ORGANISATION CHART

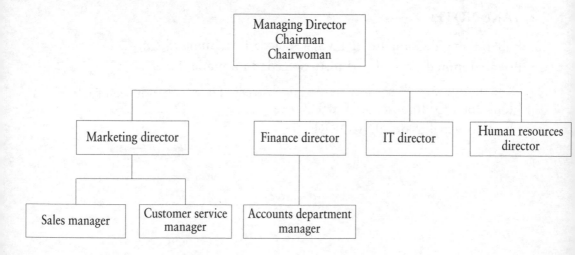

ORGANIGRAMA

Managing Director	Director gerente
Chairman/Chairwoman	Presidente
Marketing Director	Director de marketing
Finance Director	Director de finanzas
Director of Information Technology	Director de Informática
Human resources director	Director de Recursos Humanos
Sales manager	Director de Ventas
Customer service manager	Director de Atención al cliente
Accounts department manager	Director del Departamento de contabilidad

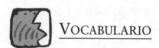 VOCABULARIO

Management	Dirección
White-collar workers (in an office)	Personal administrativo
Blue-collar workers (manual or shop floor)	Personal en plantilla

 IN-HOUSE STAFF OR SELF-EMPLOYED?

Mr Blue bumps into Miss Grey in the High Street. They have not seen each other for five years. Mr Blue asks Miss Grey about her career:

Mr Blue:	Oh! Hello, there!
Miss Grey:	David! What a surprise!
Mr Blue:	I'm so happy to see you! How are you, Joan?
Miss Grey:	Fine!
Mr Blue:	Are you still in the advertising business?

Miss Grey:	Yes! I work **full-time** in an agency. And you?
Mr Blue:	I used to have a **temporary job** in an office, but now I am a **self-employed** translator.
Miss Grey:	That sounds interesting. Do you have a lot of work?
Mr Blue:	Quite a lot. A **freelancer** can never refuse an assignment.
Miss Grey:	I prefer a **nine-to-five** job because you worry less about your income.
Mr Blue:	Yes, that's true. But it can also be quite stressful.

¿En plantilla o autónomo?

Mr Blue se encuentra con Miss Grey en la calle mayor. Hace cinco años que no se ven. Mr Blue pregunta a Miss Grey sobre su vida laboral:

Mr Blue:	¡Vaya! ¡Hola!
Miss Grey:	¡David! ¡Menuda sorpresa!
Mr Blue:	Me alegro de verte ¿Cómo estás, Joan?
Miss Grey:	Bien.
Mr Blue:	¿Sigues trabajando en el mundo de la publicidad?
Miss Grey:	Sí, trabajo a tiempo completo en una agencia. ¿Y tú?
Mr Blue:	Tuve un contrato temporal en una oficina, pero ahora soy traductor autónomo.
Miss Grey:	Suena muy interesante. ¿Tienes mucho trabajo?
Mr Blue:	Bastante. Un autónomo nunca puede rechazar un trabajo.
Miss Grey:	Yo prefiero un trabajo de oficina porque te preocupas menos por los ingresos.
Mr Blue:	Sí, es verdad. Pero también puede ser muy estresante.

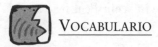 VOCABULARIO

Full-time job	Trabajo a tiempo completo
Part-time job	Trabajo a tiempo parcial
Temporary work	Contrato temporal
Permanent work	Contrato fijo
Self-employed	Autoempleado
Freelancer	Autónomo
Nine-to-five job	Trabajo estable de oficina, con horario fijo
In-house staff	Personal en plantilla

TAKE NOTE!

«Career» hace referencia a la trayectoria profesional o vida laboral. En inglés no se puede usar «career» para hacer referencia a los estudios universitarios.

 FIRST DAY AT WORK

It is Mr Orange's first day at work. Mrs Smith, the human resources director, introduces him to Mr Blonde, the IT director:

Mrs Smith:	Good morning, Mr Blonde. How are you?
Mr Blonde:	Fine, thank you, Mrs Smith.
Mrs Smith:	This is Mr Orange, the new Graphic Designer. It's his first day here.
Mr Blonde:	Pleased to meet you, Mr Orange. Welcome to the company. I'm Mr Blonde, the IT Manager.
Mr Orange:	Pleased to meet you, Mr Blonde. **I look forward to working** with you.

| Mr Blonde: | Thank you. **I hope you settle in well.** Feel free to ask me if you need any help. |
| Mr Orange: | Thank you very much. **I think I'm going to enjoy working here.** |

EL PRIMER DÍA DE TRABAJO

Es el primer día de trabajo de Mr Orange. Mrs Smith, directora del departamento de recursos humanos, le presenta a Mr Blonde, director del departamento de IT:

Mrs Smith:	Buenos días, Mr Blonde. ¿Qué tal?
Mr Blonde:	Bien, gracias. Mrs Smith.
Mrs Smith:	Este es Mr Orange, el nuevo diseñador gráfico. Hoy es su primer día.
Mr Blonde:	Encantado de conocerle, Mr Orange. Bienvenido a la empresa. Soy Mr Blonde, el director del departamento de IT.
Mr Orange:	Encantado, Mr Blonde. Tengo muchas ganas de trabajar con ustedes.
Mr Blonde:	Gracias. Espero que se adapte bien. Si necesita ayuda, no dude en acudir a mí.
Mr Orange:	Muchas gracias. Creo que me va a gustar trabajar aquí.

 GRAMÁTICA

I look forward to...	Tengo ganas de...
I hope you settle in well	Espero que se adapte bien
I think I'll enjoy working here	Creo que me va a gustar trabajar aquí

2. NUMBERS

We use different types of numbers in a variety of situations: Cardinal numbers (one, two, three, four), Ordinal numbers (first, second, third, fourth), Fractions (a quarter, half) and Decimals (0.2 or 60.9). It is vitally important to be able to understand numbers that are spoken to us like, for example, phone numbers, addresses and dates.

Utilizamos distintos tipos de números en una variedad de contextos: los números cardinales (uno, dos, tres, cuatro), los números ordinales (primero, segundo, tercero, cuarto), fracciones (un cuarto, mitad) y los decimales (0,2 ó 60,9). Es de vital importancia poder comprender los números que nos dictan como, por ejemplo, números de teléfono, direcciones y fechas.

GIVE ME YOUR NUMBER

Mr Blue is talking to Miss Grey in the High Street. They exchange telephone numbers.

Mr Blue:	Well, Joan. I have to go now. **I'll give you a call** sometime.
Miss Grey:	I've got your mobile number but do you have my phone number, David?
Mr Blue:	Oh, no I don't. Give it to me now and I'll put it in my **mobile**.
Miss Grey:	My mobile number is 678356778 and my **work number** is 225678.
Mr Blue:	Have you got a **land line**?
Miss Grey:	Yes, it's 230788
Mr Blue:	That's great. Now we can **keep in touch**. Do you want my **home number**?
Miss Grey:	Yes, alright.
Mr Blue:	It's 245667.
Miss Grey:	What's the **dialling code**?
Mr Blue:	It's 01246.
Miss Grey:	Well, David...

DAME TU NÚMERO

Mr Blue está hablando con Miss Grey en la calle mayor. Se dan los números de teléfono.

Mr Blue:	Bueno, Joan. Me tengo que ir. **Te llamaré** algún día.
Miss Grey:	Tengo tu número de móvil, ¿pero tienes tú mi número de teléfono, David?

Mr Blue:	Ah, no, no lo tengo. Dámelo ahora y lo guardo en el **móvil**.
Miss Grey:	Mi número de móvil es 678356778 y mi **número de trabajo** es 225678.
Mr Blue:	¿Tienes **teléfono fijo**?
Miss Grey:	Sí, es el 230788.
Mr Blue:	Genial. Ahora podemos **mantener el contacto**. ¿Quieres mi **número de casa**?
Miss Grey:	Sí, vale.
Mr Blue:	Es el 245667.
Miss Grey:	¿Cuál es el **prefijo**?
Mr Blue:	El 01246.
Miss Grey:	Bueno, David....

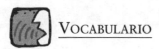 VOCABULARIO

I'll give you a call	Ya te llamaré
Mobile	Móvil
Work number	Número de trabajo
Land line	Línea de tierra, teléfono fijo
Keep in touch	Mantener el contacto
Home number	Número de casa
Dialling code	Prefijo

TAKE NOTE!

En inglés la gente suele dictar sus números de teléfono y decir primero el prefijo –01246– «oh one two four six», seguido de el resto de números agrupados de tres en tres –230 788– «two three oh........ seven eight eight».

 VOCABULARIO

Cardinal numbers

1	One
2	Two
3	Three
4	Four
5	Five
6	Six
7	Seven
8	Eight
9	Nine
10	Ten
11	Eleven
12	Twelve
13	Thirteen
14	Fourteen
15	Fifteen
16	Sixteen
17	Seventeen
18	Eighteen
19	Nineteen
20	Twenty
21	Twenty one
22	Twenty two
23	Twenty three

30	Thirty
40	Forty
50	fifty
60	Sixty
70	Seventy
80	Eighty
90	Ninety
100	A hundred
101	A hundred and one
1000	A thousand
1001	A thousand and one
1100	One thousand, one hundred
10,000	Ten thousand
1,000,000,	A million
1,000,000,000,	A billion (US)
1,000,000,000,000	A billion (UK y EU)

TAKE NOTE!

Uso de comas y puntos

Tome nota de que en inglés los miles se separan con comas, al contrario que en España, donde los separamos con puntos. Con los números decimales pasa lo contrario: en Inglaterra se separan con puntos, mientras que aquí se hace con comas.

Billonarios, millonarios

«A billion» en EE.UU. es mil millones menos que en el Reino Unido. En los informes científicos se tiende a usar la cifra americana. Del mismo modo, «a trillion» en el Reino Unido lleva dieciocho ceros, pero en EE.UU., sólo son doce.

TAKE NOTE!

Cero a la izquierda...

Existen muchas palabras para decir «cero» en inglés.

Para un número de teléfono puede ser «**oh**» (012 - oh, one, two).

En matemáticas es «**zero**» (2 x 0 - two times zero).

En números decimales es «**nought**» (0.2 - nought point two).

En los partidos de tenis es «**love**» (2/0 - two/love).

Ordinal numbers

En inglés se usan los números ordinales para decir la fecha, así que es importante reconocerlos. Se suelen escribir con el número y las dos últimas letras de las palabras, del siguiente modo:

1st of January, 2006

O sencillamente así:

February 1 2008

1st	first
2nd	second
3rd	third
4th	fourth
5th	fifth
6th	sixth
7th	seventh
8th	eighth
9th	ninth
10th	tenth

11th	eleventh
12th	twelth
13th	thirteenth
14th	fourteenth
15th	fifteenth
16th	sixteenth
17th	seventeenth
18th	eighteenth
19th	nineteenth
20th	twentieth
21st	twenty-first
22nd	twenty-second
23rd	twenty third
30th	thirtieth

TAKE NOTE!

Hay diferentes maneras de expresar una fecha en inglés.

En el Reino Unido y Europa lo corriente es escribir la fecha del siguiente modo: dd/**mm**/aaaa - 31/12/2007.

En EE.UU., sin embargo, lo normal es **mm**/dd/aaaa - 12/31/2007.

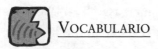 VOCABULARIO

Las fracciones en inglés se expresan con números cardinales para la parte superior de la fracción (o bien «a» si es uno), y «a quarter», «a half» o un número ordinal, para la parte inferior de la fracción.

Fractions

1/4	A quarter
2/3	Two thirds
1/2	A half
3/8	Three eighths
5/16	Five sixteenths

Decimals

En inglés se utiliza el **punto** en lugar de la coma para las cifras decimales. El cero se lee «nought» y las cifras son números cardinales. Las cifras decimales que siguen al punto se leen individualmente.

4.5 - four point five
0.12 - nought point one two
35.11 - thirty five point one one
1,876.85 - one thousand eight hundred and seventy six point eight five

 FINANCIAL REPORT

Below is an extract from the Annual Financial Report of a large multinational company.

In 2006 our **total revenues increased** by **2%,** to 51.3 million. **Revenues** of our four major products - W, X, Y and Z -, **increased** by 44%. These four products **represented** 8% of our European **revenue** and 6% of our global **revenues**. These **gains** were **offset** by a 12% **increase** in the African and Asian markets in the **2nd** and **3rd quarters** of the year. Our 2006 **net income** was **10.6** million **compared with** 11.4 million in 2005. **Turnover** remained steady at 5 billion.

INFORME FINANCIERO

A continuación se detalla un extracto del Informe Financiero Anual de una gran multinacional.

En 2006 nuestros **ingresos totales aumentaron un 2%,** a 51,3 millones. Las **rentas** de nuestros cuatro principales productos –W, X, Y y Z–, **aumentaron** un 44%. Dichos productos **representaron** el 8% de nuestros **beneficios** europeos y el 6% de nuestras ganancias globales. Estos **beneficios** fueron **compensados** por un **aumento** del 12% en los mercados africano y asiático en el **segundo y tercer trimestre** del año. Nuestro **beneficio neto** en 2006 ha sido de **10,6** millones **en comparación con los** 11,4 millones de 2005. **La facturación** permaneció estable en cinco mil millones.

 VOCABULARIO

Revenues	Ingresos, rentas, beneficios
To decrease/increase	Reducir/Aumentar
Represented	Representó
Losses/gains	Pérdidas/ganancias
Offset by...	Compensado por...
Net income	Beneficios netos
Compared with	Comparado con
2nd and 3rd quarters	Segundo y tercer trimestre
Turnover	Facturación

 TELLING THE TIME

Para preguntar qué hora es:

> What's the time, please?
> What time is it?
> Could you tell me the time, please?

TAKE NOTE!

Si para a alguien en la calle para preguntarle, diga «excuse me» primero.

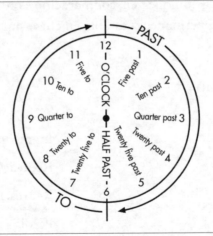

One o'clock	La una en punto
Five past one	La una y cinco minutos
Ten past one	La una y diez
Quarter past one	La una y cuarto
Twenty past one	La una y veinte
Twenty five past one	La una y veinticinco
Half past one	La una y media
One thirty	La una y media/y treinta minutos

Twenty five to two	Las dos menos veinticinco
Twenty to two	Las dos menos veinte
Quarter to two	Las dos menos cuarto
Ten to two	Las dos menos diez
Five to two	Las dos menos cinco

What time is it?

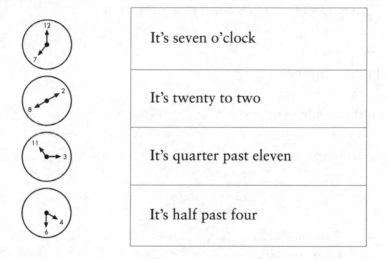

	It's seven o'clock
	It's twenty to two
	It's quarter past eleven
	It's half past four

Utilice «**it's** + la hora» para decir qué hora es.
«*It's ten past ten*».
Son las diez y diez.

Utilice «**at** + la hora» para decir cuándo hacer algo.
«*I normally go to bed at midnight*».
Normalmente voy a dormir a medianoche.

También se puede decir qué hora es del siguiente modo:
4:50 = «*it's four fifty*».
Son las cuatro y cincuenta *minutos*.

15:30 = «*its three thirty*».
Son las tres y treinta minutos.

12 am = midnight (medianoche).
12 pm = midday (mediodía).

 ## GRAMÁTICA

Prepositions

with TIMES, DATES, DAYS and TIMES OF DAY

In
In the morning
In the afternoon
In the evening
In 1989
In January
In winter

On
On 25th of July 1971
On Christmas Day
On New Year's Day
On the last day
On his birthday
On Monday

At
At the weekend
At Midday
At Midnight
At dinnertime
At night

At Easter
At twelve o'clock

Nota:	**At** Christmas	**On** Christmas Day
In the morning	**At** three o'clock in the morning
On Tuesday	**At** lunchtime on Tuesday
In 1956	**On** the 1st of March 1956

 CURRENCIES AND MONEY

POUND STERLING

The **pound,** divided into 100 **pence,** is the official **currency** of the United Kingdom and the **Crown Dependencies**. It is **commonly** referred to by its **slang** name or **nickname** «quid» in the UK.

It's official full name is **pound sterling** (plural: **pounds sterling**) which is used mainly in **formal contexts** and also when it is necessary to **distinguish** the **currency** used within the United Kingdom from others that have the same name. The currency name –but not the names of its units– is sometimes **abbreviated** to just «sterling», particularly in the wholesale financial markets; so «payment accepted in sterling», but never «that costs five sterling».

LIBRAS ESTERLINAS

La **libra,** dividida en cien **peniques,** es la **divisa oficial** del Reino Unido y las **dependencias de la corona británica**. **Comúnmente** se hace referencia a ella con su nombre **en jerga** o **apodo** «quid» en el Reino Unido.

Su nombre oficial completo es **libra esterlina** (plural: **libras esterlinas**) que generalmente se usa **en contextos formales** y también cuando sea necesario **distinguirlo** de la **moneda** utilizada en el Reino Unido de las otras que también se denominan «libra». El nombre de la divisa –pero no la de sus unidades– a veces se **abrevia** a «sterling» (sin «pound»), especialmente en los mercados financieros de mayoristas; de modo que se usa «se acepta el pago en libras *esterlinas*», pero nunca «eso cuesta cinco libras *esterlinas*».

 VOCABULARIO

Pound £ (Sterling)	Libra (esterlina)
Quid £	Libra (apodo)
Nickname	Apodo
Currency	Moneda, divisa
Crown Dependencies	Dependencias de la corona/del estado
Commonly	Comúnmente
Slang	Jerga
Formal/informal contexts	Contextos formales/informales
To distinguish	Distinguir
To abbreviate	Abreviar

A continuación se detallan las monedas y billetes británicos

coins	monedas	*apodos*
1 pence	1 penique	A penny, 1p
2 pence	2 peniques	2p
5 pence	5 peniques	5p
10 pence	10 peniques	10p
20 pence	20 peniques	20p
50 pence	50 peniques	50p
1 pound (£1)	1 libra	A quid
2 pounds	2 libras	Two quid

notes	billetes	*apodo*
5 pounds (£5)	5 libras	A fiver, five quid
10 pounds	10 libras	A tenner, ten quid
20 pounds	20 libras	A twenty, twenty quid
50 pounds	50 libras	A fifty, fifty quid

 DOLLAR

Like the **majority** of the world's currencies the United States currency is **decimal**. The **official** US currency is the United States **dollar** ($) which is **divided** into 100 **cents** (¢). Unlike many other countries however, foreign currencies **are almost never accepted**.

DÓLAR

Como en la **mayoría** de las divisas mundiales, la de los Estados Unidos es **decimal**. La **moneda oficial** de los Estados Unidos es el **dólar** estadounidense ($) que se **divide** en 100 **céntimos** (¢). A diferencia de los otros países, las divisas extranjeras **casi nunca se aceptan**.

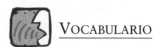 VOCABULARIO

Majority/ minority	Mayoría/minoría
Decimal	Decimal
Official	Oficial
Divided	Dividido
Never	Nunca

TAKE NOTE!

Para construir oraciones negativas con *ever* o *never*:

Are + frase negativa.
Aren't (are not) + frase positiva.

Foreign currencies are never accepted.

o:

Foreign currencies aren't ever accepted.

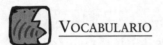 VOCABULARIO

coins	*apodo*	monedas
1 cent	A cent or a penny	1 céntimo
5 cents	A nickel	5 céntimos
10 cents	A dime	10 céntimos
25 cents	A quarter	25 céntimos
50 cents (uncommon)	A half dollar	50 céntimos
1 dollar (uncommon)	A dollar	1 dólar
notes	*apodo*	billetes
1 dollar	A buck	1 dólar
2 dollar (uncommon)	Two bucks	2 dólares
5 dollar	Five bucks	5 dólares
10 dollar	Ten bucks	10 dólares
20 dollar	Twenty bucks	20 dólares
50 dollar	Fifty bucks	50 dólares
100 dollar	A hundred bucks (A Benjamin)	100 dólares

3. JOB HUNTING

When a company has to recruit staff, they ask candidates to apply for the vacancies. In the curriculum vitae and covering letter they give further information as to why they think they are suitable for that job, indicating their experience and qualifications. After that, they must face the selection procedures, which usually include a job interview.

Cuando una empresa tiene que contratar personal, piden a los candidatos que soliciten el empleo. En su currículo y carta de presentación facilitan más información acerca de por qué piensan que son adecuados para el trabajo, indicando su experiencia y cualificaciones. Después, deben enfrentarse a los procedimientos de selección, que normalmente incluyen una entrevista de trabajo.

 MY CAREER

I have a degree in Economic Science from the Autonomous University of Barcelona and am a **highly skilled** accountant. I worked in the Administration of an exports company for two years. **I am good with** numbers. I am interested in financial and administrative management and am currently looking for a post with better working conditions in the financial department of a multinational company.

MI TRAYECTORIA PROFESIONAL

Soy licenciada en Ciencias Económicas por la Universidad Autónoma de Barcelona y una contable **experta**. He trabajado dos años en la administración de una empresa dedicada a las exportaciones. **Se me dan bien** los números. Me interesa la gestión administrativa y financiera, y actualmente busco un puesto de trabajo con mejores condiciones en el departamento financiero de una multinacional.

 VOCABULARIO

Highly skilled	**Experto**
I am **good with** numbers	**Se me dan bien** los números
Fully qualified	**Diplomado**
Skilled	**Hábil**
Skills	**Habilidades**
Unskilled	**No cualificado**

 PAST SIMPLE

ORACIONES AFIRMATIVAS

To be

> **I was** here
> **You were** there
> **He/She /It was** ready
> **We were** friends
> **You were** happy
> **They were** worried

Otros verbos regulares (e.g. To work)

> **I worked** in a bank
> **You worked** for a large company
> **He/she/it worked** in Scotland
> **We worked** very hard
> You worked late
> They worked together

TAKE NOTE!

Todos los verbos regulares forman el pasado con el infinitivo + ed.
Por ejemplo: **I lived** in Scotland.

Una vocal + una consonante = doble consonante
(stop + p + ed) - I stopped to look.

Consonante + y = ied
(hurry − y + ied) - He hurried to work.

ORACIONES NEGATIVAS

«To be»

> **I wasn't** here
> **You weren't** there
> **He/She /It wasn't** ready
> **We weren't** friends
> **You weren't** happy
> **They weren't** worried

TAKE NOTE!

Se suele usar la contracción en vez de la forma completa.
Por ejemplo: **I was not** there - **I wasn't** there.

Otros verbos regulares (por ejemplo «to work») - Negativos

> **I didn't work** in a bank
> **You didn't work** for a large company
> **He/she/it didn't work** in Scotland
> **We didn't work** very hard
> **You didn't work** late
> **They didn't work** together

TAKE NOTE!

We usually use the contraction instead of the full form.
For example: **I did not work** there - **I didn't work** there.

ORACIONES INTERROGATIVAS Y RESPUESTAS CORTAS

«To be»

Se coloca el verbo antes del sujeto:

Was I here?
Were you there?
Was he/she/it ready?
Were we friends?
Were you happy?
Were they worried?

Yes, you were	No, you weren't
Yes, I was	No, I'm wasn't
Yes, he/she/it was	No, he/she/it wasn't
Yes, you were	No, you weren't
Yes, we were	No, we weren't
Yes, they were	No, they weren't

Otros verbos regulares (por ejemplo «to work»)

Did I work in a bank?
Did you work for a large company?
Did he/she/it work in Scotland?
Did we work very hard?
Did you work late?
Did they work together?

Yes, you did	No, you didn't
Yes, I did	No, I didn't
Yes, he/she/it did	No, he/she/it didn't
Yes, you did	No, you didn't
Yes, we did	No, we didn't
Yes, they did	No, they didn't

CURRICULUM VITAE

In our curriculum vitae, we include our personal details, our professional experience (in chronological order from our most recent employment backwards), the academic training we have received and other information that may be of interest.

The covering letter highlights the strong points of the CV (page 43) and briefly describes the things we think make us suitable for the job. It is also a good idea to propose an initial meeting date.

When we are called for interview, we must «sell ourselves» in only a few minutes. This is the moment of truth.

EL CURRICULUM VITAE

En nuestro currículo incluiremos nuestros datos personales, nuestra experiencia profesional (en orden cronológico desde el empleo más reciente hacia atrás), la formación académica que hayamos recibido y otros datos que puedan ser de interés.

En la carta de presentación se destacan los puntos fuertes del CV (página 44) y se describe brevemente la razón por la que crees que deberían darte el trabajo. También conviene proponer una toma de contacto.

Cuando nos llamen para una entrevista de trabajo tenemos la oportunidad de «vendernos» en unos pocos minutos. Es el momento de la verdad.

Curriculum vitae

Jennifer Black
22, Park Road
Moontown
MTW 345
Telephone: 0987654321
Mobile: 0123456789
E-mail: jenniferblack@mail.com

EMPLOYMENT

2002-2004   COMPUTER SOFT CORPORATION
Administration Assistant
–Examined and redirected incoming mail
–Translated foreign letters
–Completed reports

2001-2002   GOOD FOOD
Sales Assistant
– Advised customers about organic and health foods.
– Increased sales. Extra profits were used to expand the business.

EDUCATION

1998-2001   Degree in International Relations
Meikai University

Sept 2001   Cambridge First Certificate in English

OTHER SKILLS

Good working knowledge of Word and Excel
Fluent in Japanese and practical knowledge of English

Jennifer Black
22, Park Road
Moontown
MTW 345
Teléfono: 0987654321
Móvil: 0123456789
Correo electrónico: jenniferblack@mail.com

EXPERIENCIA PROFESIONAL

2002-2004   COMPUTER SOFT CORPORATION
Auxiliar administrativo
– Examinaba y redirigía el correo entrante.
– Traducía cartas extranjeras.
– Completaba informes.

2001-2002   GOOD FOOD
Auxiliar de ventas
– Aconsejaba a clientes sobre los alimentos ecológicos.
– Aumenté las ventas. Los ingresos extra se utilizaron para expandir el negocio.

FORMACIÓN

1998-2002   Licenciada en Relaciones Internacionales
Universidad de Meikai

Sept 2001   Cambridge First Certificate in English

OTROS DATOS

Manejo avanzado de Word y Excel
Dominio de japonés y conocimientos prácticos de inglés.

VOCABULARIO

Personal data	Datos personales
Contact data	Datos de contacto
Employment	Experiencia profesional
Education	Formación académica
Other skills	Otros datos

> **TAKE NOTE!**
> Curriculum, CV - British English
> Resumé - American English

 APPLYING FOR A JOB

When we apply for a job we send our CV with a covering letter (page 46). We should include information that is useful to the employer and that presents us as the right person for the job. We can highlight the job experience we have that makes us a good candidate and explain why we think this is true. Don't forget, we are marketing ourselves and we need to be convincing.

BUSCANDO TRABAJO

Al solicitar un empleo, enviamos nuestro CV acompañado de una carta de presentación (p. 47). Debemos incluir información útil para la empresa y presentarnos como la persona adecuada para ese puesto. Podemos destacar la experiencia laboral que nos convierta en buenos candidatos y explicar por qué lo creemos así. No olvide que nos estamos promocionando y que debemos resultar adecuados.

COVERING LETTER

TECHNICAL IMPORTS
14, Industry Road
Metropolis
MTR 678

Jennifer Black
22, Park Road
Moontown
MTW 345
Telephone: 0987654321
Mobile: 0123456789
E-mail: jenniferblack@mail.com

1st January 2006

Dear Sir/Madam,

I would like to apply for the job as a full-time administrative assistant... as advertised in... **Please find attached** a copy of my CV.

My previous jobs include x years as a... in a...
This has given me the experience...

I have good English communication skills and I passed the Cambridge First Certificate in English exam. **My fluency in Japanese will be useful when** dealing with Japanese export companies. I am methodical and enjoy working in a team...

I would welcome the opportunity to discuss the job vacancy with you on the telephone or at an interview. You can contact me on my mobile telephone or by e-mail.

Yours faithfully,
Jennifer Black

Carta de presentación

TECHNICAL IMPORTS
14, Industry Road
Metropolis
MTR 678

Jennifer Black
22, Park Road
Moontown
MTW 345
Teléfono: 0987654321
Móvil: 0123456789
Correo electrónico: jenniferblack@mail.com

1 de enero de 2006

Estimado Sr/Sra:

Me gustaría solicitar el puesto de auxiliar administrativo a tiempo completo anunciado en El Periódico del domingo pasado. Adjunto una copia de mi CV.

Mis anteriores trabajos incluyen dos años de experiencia como auxiliar administrativo en una empresa de software. Dicho empleo me ha proporcionado la experiencia necesaria para desempeñar con soltura el puesto de trabajo que ofertan.

Tengo un buen nivel de inglés y el First Certificate de Cambridge. Además, mi dominio del japonés será muy útil cuando haya que tratar con empresas de exportación japonesas. Soy metódica y me gusta trabajar en equipo.

Me gustaría tener la oportunidad de hablar con usted sobre el puesto de trabajo por teléfono o concertando una entrevista. Puede ponerse en contacto conmigo llamando a mi teléfono móvil o a través del correo electrónico.

Le saluda atentamente,
Jennifer Black

 VOCABULARIO

I would like to apply for the job of...	Me gustaría solicitar el puesto de...
Please find attached (a copy of my CV)	Adjunto (una copia de mi CV)
My previous jobs include...	Mis anteriores trabajos incluyen...
This has given me the experience...	Esto me ha proporcionado la experiencia necesaria...
I have good (English communication) skills	I have good (English communication) skills
My (fluency in Japanese) will be useful when...	(Mi dominio del japonés) será muy útil cuando...
I would welcome the opportunity...	Me gustaría tener la oportunidad de...

MÁS EJEMPLOS

As you will see from my CV	Como podrá ver en mi CV
I am very interested in the post you are offering	Estoy muy interesado en el puesto que ofertan
I look forward to hearing from you	Espero noticias suyas pronto
I would like to apply for the position	Me gustaría solicitar el puesto

 FILLING IN A FORM

There are many situations where we need to be able to fill in forms -when applying for a visa or residency permit, making insurance claims, applying for a loan, enrolling on a course or even applying for a job-. You need to be familiar with the type of information you might be asked and know how to give your personal details. There may also be situations in which you your-self wish to ask someone else to fill in a form.

Mr Hopes	Good morning, I'd like to apply for a temporary work visa.
Clerk	Certainly. **Could you give me your details, please?** What's your **surname**?
Mr Hopes	Hopes.
Clerk	**Could you spell that please?**
Mr Hopes	Yes, that's H-O-P-E-S.
Clerk	Thank you, and your **Christian name**?
Mr Hopes	Nigel.
Clerk	Do you have any other names?
Mr Hopes	Yes, my **middle name** is Oliver.
Clerk	Very well, what's your **date of birth**?
Mr Hopes	The first of April 1975.
Clerk	Are you **single or married**, Mr Hopes?
Mr Hopes	I'm single at the moment.
Clerk	**What's your nationality?**
Mr Hopes	I'm English.
Clerk	**Could you give me your address please** Mr Hopes?
Mr Hopes	Yes, it's 35 Meadow Road, Sheffield, South Yorks-hire, S40 4EF.
Clerk	And your telephone number?
Mr Hopes	01247 238777
Clerk	**Could you repeat that, please?**
Mr Hopes	That's 01247 238777.
Clerk	Thank you Mr Hopes, **that will be all for the moment.** If you would like to take a seat for a minute while I check these details, and I'll call you when I'm finished.
Mr Hopes	Thank you very much.

Rellenando un formulario

Hay muchas situaciones en que tendrá que rellenar formularios –al solicitar un visado o un permiso de residencia, al hacer reclamaciones de seguros, al solicitar un préstamo, al apuntarse a un curso y hasta para solicitar un empleo–. Debe estar familiarizado con el tipo de información que le pueden preguntar y saber cómo facilitar sus datos personales. También puede haber situaciones en que puede que usted desee pedir a alguien que rellene un formulario.

Mr Hopes	Buenos días, quisiera solicitar un visado de trabajo temporal.
Clerk	Por supuesto. **¿Podría darme sus datos, por favor?** ¿Cuál es su **apellido**?
Mr Hopes	Hopes.
Clerk	**¿Me lo podría deletrear?**
Mr Hopes	Sí, es H-O-P-E-S.
Clerk	Gracias. ¿Y su **nombre propio**?
Mr Hopes	Nigel.
Clerk	¿Tiene más nombres?
Mr Hopes	Sí, mi **segundo nombre** es Oliver.
Clerk	Muy bien. ¿Cuál es su **fecha de nacimiento**?
Mr Hopes	El uno de abril de 1975.
Clerk	¿Está **soltero o casado**, Mr Hopes?
Mr Hopes	Por el momento soy soltero.
Clerk	**¿Cuál es su nacionalidad?**
Mr Hopes	Soy inglés.
Clerk	**¿Podría darme su dirección**, Mr Hopes?
Mr Hopes	Sí, es 35 Meadow Road, Sheffield, South Yorkshire, S40 4EF.
Clerk	¿Y su número de teléfono?
Mr Hopes	01247 238777
Clerk	**¿Podría repetirlo, por favor?**
Mr Hopes	Es el 01247 238777

Clerk	Gracias, Mr Hopes, **eso es todo por ahora.** Si desea, tome asiento mientras compruebo los datos, y le llamaré cuando termine.
Mr Hopes	Muchas gracias.

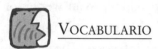 VOCABULARIO

Could you give me your details, please?	¿Podría darme sus datos, por favor?
What's your surname?	¿Cuál es su apellido?
Could you spell that please?	¿Podría deletrearlo, por favor?
Christian name	Nombre porpio
Middle name	Segundo nombre
What's your date of birth	¿Cuál es su fecha de nacimiento?
Are you single or married?	¿Está soltero o casado?
What's your nationality?	¿Cuál es su nacionalidad?
Could you give me your address please?	¿Podría darme su dirección, por favor?
Could you repeat that, please?	¿Podría repetirlo, por favor?
That will be all for the moment	Eso es todo, por ahora

TAKE NOTE!

En Inglaterra la gente suele tener dos nombres propios (primer y segundo nombre) y un apellido.

Por ejemplo: Nigel Oliver Hopes.

AT A JOB INTERVIEW

Job interviews are often very stressful experiences. It is important to be prepared and have a clear idea of what you wish to say in order to «sell yourself». You need to pay close attention to what the interviewer asks and try to answer his or her questions in a clear and confident manner. A good interviewer will use some small talk in order to break the ice at the beginning of an interview. The interviewee should maintain the same level of formality as the interviewer and be polite.

EN UNA ENTREVISTA DE TRABAJO

Las entrevistas de trabajo son a menudo experiencias muy estresantes. Es importante estar preparado y tener una idea muy clara de lo que desea expresar para «venderse». Necesita prestar mucha atención a lo que pregunte el entrevistador y tratar de responder a sus preguntas de una manera clara y confiada. Un buen entrevistador utilizará algo de charla ligera para romper el hielo al inicio de la entrevista. El entrevistado debe mantener el mismo nivel de formalidad que el entrevistador, y ser amable.

 ## YOU ARE THE ONE

Mr Hopes sent his curriculum and a covering letter to an Architecture Agency in reply to a job advertisement. He attends an interview for the post of projects manager, where he is received by Mrs Smith, Director of Human Resources.

Mrs Smith	Please sit down, Mr Hopes.
Mr Hopes	Thank you.
Mrs Smith	Did you have trouble finding the office?
Mr Hopes	No, I know this area quite well.
Mrs Smith	Good. Now, we have received applications from a lot of candidates but, quite frankly, your curriculum was the most interesting to us.

Mr Hopes	I have a lot of experience in this field.
Mrs Smith	I can see here that in your last job you coordinated a team of seven professionals.
Mr Hopes	Yes, I worked for a software development firm. That particular project was very successful.
Mrs Smith	... so much that you were promoted.
Mr Hopes	That's right, yes.
Mrs Smith	We are looking for a Projects Manager who will manage a team of designers and take care of relations with the client, a German estate agent. You can speak some German I believe?
Mr Hopes	Yes, I studied German at university for three years and I worked for a year in Frankfurt.
Mrs Smith	Excellent. It is a post which carries a lot of responsibility. A Projects Manager has to make a lot of important decisions.
Mr Hopes	I consider myself as a very resourceful person. I'm efficient and disciplined and I feel that I would fit in very well at your company.
Mrs Smith	It's obvious that you're highly motivated. When can you start?

ERES EL QUE BUSCAMOS

Mr Hopes envió su currículo y una carta de presentación en respuesta a una oferta de trabajo en una agencia de arquitectura. Acude a una entrevista de trabajo para un puesto de gestor de proyectos, donde le recibe Mrs Smith, directora de recursos humanos.

Mrs Smith	Siéntese, Mr Hopes.
Mr Hopes	Gracias
Mrs Smith	¿Le ha costado mucho encontrar la oficina?
Mr Hopes	No, conozco esta zona bastante bien.

Mrs Smith	Bien. Hemos recibido respuestas de muchos candidatos, pero sinceramente su currículo nos ha resultado el más interesante.
Mr Hopes	Cuento con mucha experiencia en el sector.
Mrs Smith	Aquí puedo ver que en su anterior trabajo coordinó un equipo de siete profesionales.
Mr Hopes	Sí, trabajaba en una empresa de desarrollo de software. Aquel proyecto tuvo mucho éxito.
Mrs Smith	... Tanto que le promocionaron.
Mr Hopes	Efectivamente.
Mrs Smith	Estamos buscando un gestor de proyectos que dirija un equipo de diseñadores y se ocupe de las relaciones con el cliente, una inmobiliaria alemana. Tiene usted conocimientos de alemán, ¿no es así?
Mr Hopes	Sí, en la universidad estudié tres años de alemán y he trabajado un año en Frankfurt.
Mrs Smith	Excelente. Es un puesto de mucha responsabilidad. Un gestor de proyectos debe tomar muchas decisiones.
Mr Hopes	Me considero una persona de recursos, disciplinado y eficiente. Opino que en su empresa encajo a la perfección.
Mrs Smith	Claramente se le ve motivado... ¿Cuándo puede empezar?

GRAMÁTICA

1. Para hablar de tu formación académica hay que utilizar el **pasado simple**.

    *I **attended** the University of Oxford from 1986 to 1991.*
    *I **graduated** with a degree in Business Studies.*

2. Para hablar de la experiencia profesional se usan los siguientes tiempos verbales:

2.1. Para hablar del empleo actual utilice el **presente perfecto** o **presente perfecto continuo** para indicar que aún sigues trabajando allí.
STEEL P.L.C. *has employed* me for the last 3 years as a salesperson.
I *have been creating* customer contacts for 6 months.

2.2. Utilice el **pasado simple** para hablar de los trabajos que tuviste en el pasado.
I *worked* as a receptionist at the Ritz.

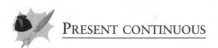 ### PRESENT CONTINUOUS

ORACIONES AFIRMATIVAS

I am speaking English	**I'm speaking** English
You are eating a cake	**You're eating** a cake
He/she/it is being friendly	**He's being** friendly
We are speaking Spanish	**We're speaking** Spanish
You are learning to be actors	**You're learning to be** actors
They are learning Italian	**They're learning** Italian

Se usa el presente continuo para hablar de acciones que han comenzado pero que aún no se han completado.

Por ejemplo:

He is singing loudly. - Está cantando fuertemente **ahora**.
I am reading a good book at the moment. - He empezado el libro, pero aún no lo he terminado de leer.

ORACIONES NEGATIVAS

Se añade «not» después del verbo:

I am not speaking English	**I'm not speaking** English
You are not eating a cake	**You're not (You aren't) eating** a cake
He/she/it is not being friendly	**He's not (he isn't) being** friendly
We are not learning Spanish	**We're not (We aren't) learning** Spanish
You are not learning English	**You're not (You aren't) learning** English
They are not learning Italian	**They're not (They aren't) learning** Italian

ORACIONES INTERROGATIVAS Y RESPUESTAS CORTAS

Se coloca el verbo antes del sujeto:

Am I speaking English?	Yes, **you are**	No, **you aren't**
Are you eating a cake?	Yes, **I am**	No, **I'm not**
Is He/She/It being friendly?	Yes, **he/she/it is**	No, **he/she/it isn't**
Are we learning Spanish?	Yes, **you are**	No, **you aren't**
Are you learning to be actors?	Yes, **we are**	No, **we aren't**
Are they speaking Italian?	Yes, **they are**	No, **they aren't**

 ## PRESENT PERFECT

Se usa este tiempo verbal para hablar de **experiencias pasadas generales**, siempre y cuando no indicamos un punto concreto en el tiempo. Se utiliza **have** en presente **+ participio pasado**. El participio pasado de los verbos regulares coincide con el pasado simple. Para los irregulares, consulte la tabla de verbos.

ORACIONES AFIRMATIVAS

I have seen that film   I've seen that film.
You have been here before   You've been here before
He/She/It has helped us a lot He/She/It 's helped us a lot
We have played tennis before   We've played tennis before
You have written many books   You've written many books
They have read your book   They've read your book

TAKE NOTE!

Se suele usar la contracción.

Por ejemplo: **I have seen** this film - **I've seen** this film

---

ORACIONES NEGATIVAS

I haven't seen that film
You haven't been here before
He/She/It hasn't helped us a lot
We haven't played tennis before
You haven't written many books
They haven't read your book

ORACIONES INTERROGATIVAS Y RESPUESTAS CORTAS

Se coloca **have** antes del sujeto.

Have I seen you before?
Have you eaten caviar before?
Has he/she/it lived in Spain?
Have we been invited to the party?
Have you seen the report?
Have they seen the manager?

Yes, **you have**	No, **you haven't**
Yes, **I have**	No, **I haven't**
Yes, **he/she/it has**	No, **he/she/it hasn't**
Yes, **you have**	No, **you haven't**
Yes, **we have**	No, **we haven't**
Yes, **they have**	No, **they haven't**

TAKE NOTE!

No usamos este tiempo con una **expresión o marca de tiempo** (una palabra o grupo de palabras que indican un punto concreto en el tiempo). En su lugar, usamos el pasado simple:

I have seen the film <u>last week</u>. INCORRECT
I saw the film <u>last week</u> CORRECT
I have done the work <u>on Tuesday</u>. INCORRECT
I did the work <u>on Tuesday</u>. CORRECT

 VOCABULARIO

Adjetivos para describir aptitudes

Competente	Competent
Con experiencia	Experienced
Con recursos	Resourceful
Creativo	Creative
De mente abierta	Broad-minded
Diplomático	Diplomatic
Disciplinado	Self disciplined

Eficiente	Efficient
Fiable	Reliable
Flexible	Adaptable
Innovador	Innovative
Metódico	Methodical
Motivado	Motivated
Objetivo	Objective
Positivo	Positive
Práctico	Practical
Sincero	Sincere

Verbos (en pasado simple) para expresar responsabilidades o tareas

Full-time job	Trabajo a tiempo completo
Part-time job	Trabajo a tiempo parcial
Temporary work	Contrato temporal
Permanent work	Contrato fijo
Self-employed	Autoempleado
Freelancer	Autónomo
Nine-to-five job	Trabajo estable de oficina, con horario fijo
In-house staff	Personal en plantilla

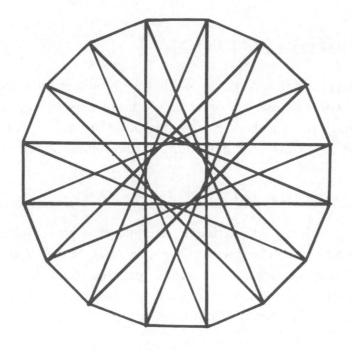

4. COMMUNICATION

We are social animals and communication is the social interaction with which we exchange information, as much for understanding one another, as for forming the social relationships which make conducting business easier. Our needs and desires are communicated, not only through the written and spoken word, but also our body language.

Somos animales sociales y la comunicación es la forma de interacción social en la que intercambiamos información, tanto para comprendernos unos a otros como para facilitar las relaciones sociales y, por ende, también las de negocios. Con ella expresamos nuestras necesidades y deseos, a través de la palabra hablada y la escrita, pero el lenguaje corporal también es importante.

TALKING ON THE TELEPHONE

Research suggests that only 7% of what we receive in communication is about the words we use. The other 93% is body language and tone of voice. Nevertheless, in a phone call we have only the tone of our voice and words, which makes it a lot more difficult to communicate effectively.

HABLANDO POR TELÉFONO

Según los estudios, el 7% de lo que recibimos en el proceso de comunicación tiene que ver con las palabras que utilizamos. El 93% restante cae en manos del lenguaje corporal y el tono de voz. En un llamada telefónica, sin embargo, sólo contamos con el tono de voz y las palabras, lo que dificulta bastante una comunicación efectiva.

 VOICEMAIL

Mr Jones is phoning Whiteman Electrics to speak to Mr Blackwell. Sarah Smith, the receptionist, asks him to call again later, because his line is engaged. Mr Jones ends up leaving a voicemail message.

Receptionist:	Good morning, Whiteman Electrics, Sarah Smith speaking. How may I help?
Mr Jones:	Good morning, **may I speak** to Robert Blackwell please?
Receptionist:	**I'll check** if he's available. Can I ask **what it's regarding?**
Mr Jones:	I'm **returning his call from** Friday.
Receptionist:	**Just a moment.** (...)
Receptionist:	Hello –**I'm afraid** his line is **engaged** at the moment. **Would you like to hold** or call back in five minutes?
Mr Jones:	I'll call back, thank you.
Receptionist:	Thank you. (...)

Receptionist:	Good morning, Whiteman Electrics, Sarah Smith speaking, how may I help?
Mr Jones:	Hello, It's Mr Jones here. I rang a few minutes ago, is Mr Blackwell **available** now?
Receptionist:	I'll just check for you, Mr Jones.

(...)

Receptionist:	**I'm sorry, his line is still busy.** Shall I **put you through to** his **voicemail**?
Mr Jones:	Yes, thank you.
Receptionist:	Just connecting you now, goodbye.
Mr Jones:	Goodbye.

(...)

Voicemail:	Hello, you've reached James Blackwell's voicemail. I'm sorry I can't speak to you at the moment but leave me a message and I'll get back to you **as soon as possible**.
Mr Jones:	Hello Mr Blackwell. It's Robert Jones here. I'm calling **regarding** your call of the 15th of September. If you could call me back as soon as possible we can discuss the **issues** you raised. **I'm on** 01273666521 **extension** 231. Thank you.

BUZÓN DE VOZ

Mr Jones llama a Whiteman Electrics para hablar con Mr Blackwell. Sarah Smith, la recepcionista, le pide que vuelva a llamar más tarde porque está comunicando. Mr Jones acaba dejando un mensaje en el buzón de voz.

Recepcionista: Buenos días, Whiteman Electrics, Sarah Smith al habla. ¿qué desea?

Mr Jones: Buenos días, ¿**podría hablar** con el señor Robert Blackwell, por favor?

Recepcionista: **Comprobaré** si está disponible. **¿Podría saber de qué se trata?**

Mr Jones: Le **devuelvo** su llamada del viernes.

Recepcionista: **Un momento.**

(...)

Recepcionista: ¿Hola? –**Me temo** que su línea está **ocupada** en estos momentos. **Si lo desea puede esperar** o volver a llamar en cinco minutos.

Mr Jones: Volveré a llamar, gracias.

Recepcionista: A usted.

(...)

Recepcionista: Buenos días, Whiteman Electrics, Sarah Smith al habla, ¿qué desea?

Mr Jones: Hola, soy Mr Jones, llamé hace unos minutos. ¿Se encuentra **disponible** ya Mr. Blackwell?

Recepcionista: Lo compruebo, Mr Jones.

(...)

Recepcionista: **Lo siento, su línea sigue ocupada.** ¿Desea dejar un mensaje en el **buzón de voz?**

Mr Jones: Sí, gracias.

Recepcionista: Ahora mismo le conecto. Adiós.

Mr Jones: Adiós.

(...)

Buzón de voz: Hola, este es el buzón de voz de James Blackwell. Siento no poder atenderle en estos momentos, pero déjeme un mensaje y le llamaré **lo antes posible**.

Mr Jones: Hola Mr Blackwell. Soy Robert Jones. Le llamo **respecto** a su llamada el 15 de septiembre. Si puede llamarme lo antes posible, hablaremos de los **asuntos** que mencionó. **Estoy en el teléfono** 01273666521, **extensión** 231. Gracias.

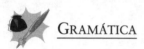

GRAMÁTICA

May I + infinitivo (sin «to»)	¿Podría...?
I'll check he's **available**	Comprobaré si está disponible
Can I ask what it's **regarding?**	¿Podría saber de qué se trata?
I'm returning his call **from...**	Le devuelvo su llamada de...
Just a **moment**	Un momento
I'm **afraid...**	Me temo que...
Engaged	Ocupado, comunicando
Would you like to + infinitivo	¿Le gustaría...?
Available	Disponible
I'm sorry...	Lo siento...
Shall I put you **through...?**	¿Desea que le pase la llamada?
Voicemail	Buzón de voz
As soon as **possible** (ASAP)	Lo antes posible
I'm calling **regarding...**	Le llamo acerca de...
Issues	Asuntos
I'm on...	Estoy en el teléfono...
Extension	Extensión

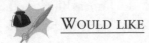 ## WOULD LIKE

ORACIONES AFIRMATIVAS

I **would** (I'd) **like** to have a drink
You **would** (You'd) **like** to see the sea
He/she/it **would** (He'd) **like** to eat a cake
We **would** (We'd) **like** to be at home
You **would** (You'd) **like** to go there
They **would** (They'd) **like** to see you

ORACIONES NEGATIVAS

I **wouldn't like** to meet him
You **wouldn't like** to find out
He/she/it **wouldn't like** to work late
We **wouldn't like** to be at home
You **wouldn't like** to go there
They **wouldn't like** to see you

ORACIONES INTERROGATIVAS Y RESPUESTAS CORTAS

Se coloca el verbo antes del sujeto:

Would I **like** it?
Would you **like** to see them?
Would she **like** to go there?
Would we **like** to work here?
Would you **like** to meet him?
Would they **like** to eat that?

Yes, **you would**   No, **you wouldn't**
Yes, **I would**   No, **I wouldn't**

Yes, he/she/it would	No, he/she/it wouldn't
Yes, you would	No, you wouldn't
Yes, we would	No, we wouldn't
Yes, they would	No, they wouldn't

TAKE NOTE!

Se coloca el infinitivo después de **would like**.

I would like to go to town. CORRECT
I would like go to town. INCORRECT

 WRITING BUSINESS LETTERS

Below are three different business letters: A letter of complaint, a reply to a phone call and an invitation to a conference.

ESCRIBIENDO CARTAS DE NEGOCIOS

A continuación detallamos tres cartas de negocios: una carta de reclamación, una contestación a una llamada telefónica y una invitación a una conferencia.

A LETTER OF COMPLAINT

Sarah Pinkly, marketing manager of AOT, writes a letter of complaint to the manager of the hotel where her company held their Annual General Meeting.

The Manager
Shipston Hotel
Brighton
BN3 4SX

Sarah Pinkly
AOT Ltd.
112 Kings Street
Brighton
BN2 1DJ

01273 606231
sarahp@future.com

12th October 2007

Dear Sir or Madam,

I am writing to complain about your Banqueting Suite, in which our company held it's AGM on Friday 06th October 2007.

We booked a suite for 300 people but the room was clearly too small for our function. There were not enough chairs for those present. In addition the refreshments, when they were eventually served, were cold.

We paid for this suite in advance and are most unhappy with the service we received. We're sure you would wish to ensure this does not happen again and would like to ask for a 50% refund for the inconvenience and embarrassment this has caused us.

If you have any queries please do not hesitate to contact me on the above number or email address.

Yours faithfully

Sarah Pinkly
Marketing Manager

UNA CARTA DE RECLAMACIÓN

Sarah Pinkly, directora gerente de AOT, escribe al director del hotel donde su empresa celebró la Asamblea Anual de Accionistas para quejarse por el servicio prestado.

The Manager
Shipston Hotel
Brighton
BN3 4SX

Sarah Pinkly
AOT Ltd.
112 Kings Street
Brighton
BN2 1DJ

01273 606231
sarahp@future.com

12 de octubre de 2007

Estimado señor o señora:

Me dirijo a usted para poner una reclamación respecto a su suite para banquetes, donde nuestra empresa **celebró su Asamblea Anual de Accionistas** el viernes día 6 de octubre de 2007.

Reservamos una **suite** para 300 personas, pero la habitación era **claramente demasiado pequeña** para nuestro acto. No había suficientes sillas **para los invitados**. **Además,** cuando **finalmente** se sirvieron los **aperitivos**, estaban fríos.

Pagamos **por adelantado** y estamos muy descontentos con el servicio recibido. Confiamos en que puedan **asegurarnos** que esto no se volverá a repetir y queremos solicitar un **reembolso** del 50% por las **molestias** que nos ha causado.

Si tiene cualquier duda, no dude en ponerse en contacto conmigo en el número de teléfono o dirección de correo electrónico arriba mencionados.

Atentamente,

Sarah Pinkly
Directora de márketing

RESPONSE TO AN ENQUIRY PHONE CALL

On Tuesday Mr Fletcher made an enquiry phone call to Barkham Metals. Below is the reply Mr Smith sent to confirm the order. He encloses a brochure of his products

Mr Fletcher
25 Meadowview Road
Leicester
LE17 5KT

Barkham Metals
Barkham House
Bromley
23/05/07

Dear Mr Fletcher

REF: Order GY45226

    In reference to your phone call of 17th May 2007 regarding the **above order, we are pleased to confirm** that we can supply the extra units you require within the **time-frame specified.**
    These will be **dispatched** to you by **courier** and **should** reach you by the end of the week.
    We have also **enclosed** a **brochure** showing other products **we believe** may be of interest to you.
    If you have any questions about this, or any of our other products, please don't hesitate to contact us on the above number.

    Yours Truly

    Henry Smith

    Henry Smith
    Marketing Manager

    Encs: Brochure

En respuesta a una llamada de orden de pedido

Mr Fletcher cursó una orden de pedido telefónica a Barkham Metals. Le responde Mr Smith, confirmando el envío del pedido. Además, adjunta un catálogo con sus productos.

Mr Fletcher
25 Meadowview Road
Leicester
LE17 5KT

Barkham Metals
Barkham House
Bromley
23/05/07

Estimado Mr Fletcher:

REF: GY45226

En referencia a su llamada del día 17 de mayo de 2007 sobre el **encargo arriba mencionado, nos alegramos de confirmar** que podremos suministrarle las unidades que solicitó en el **período de tiempo especificado.**

Las unidades le serán **enviadas** por **mensajero** y **deberían** llegar hacia finales de la semana.

Asimismo, **adjuntamos** un **catálogo** incluyendo otros productos **que creemos** pueden serle de interés.

Si tiene cualquier pregunta sobre este o cualquiera de nuestros productos, no dude en ponerse en contacto con nosotros en el número que se especifica arriba.

Atentamente,

Henry Smith
Director de Marketing

Adjuntos: Catálogo

AN INVITATION TO A SEMINAR

Mr Ericsson has been invited to take part in a seminar on Business in Europe. Ms Erica Jong writes to him on behalf of Business Network Associates.

John Ericsson
Brunel College of Business and Finance
High Wycombe
HP12 6FG

Business Network Associates
Newport House
Gloucester
GL6 4SE

4th July 2007

Dear Mr Ericsson

Re: Invitation to lecture on Business in Europe seminar

On behalf of Business Network Associates we would like to invite you to be a **keynote speaker** at our Business in Europe seminar which will take place 19-21 July next year.

Business Network Associates is Europe's leading Business-orientated media company. We produce a multitude of specialist business publications including the **market-leading** magazine Business Today.

As one of the leading experts in Business education today we would be delighted if you would present for us at our conference and are certain that your speech would be a **highlight** of our seminar for many **attendees**.

We hope this invitation is of interest to you and look forward to hearing from you.

Yours sincerely

E... Jong

Ms Erica Jong
Events Organiser

Encs: Seminar brochures
cc: Ms Smyth-Jones
Senior Director

INVITACIÓN A UN SEMINARIO

Mr Ericsson ha sido invitado a participar en el seminario sobre los Negocios en Europa. Ms Erica Jong le escribe de parte de Business Network Associates.

John Ericsson
Brunel College of Business and Finance
High Wycombe
HP12 6FG

> Business Network Associates
> Newport House
> Gloucester
> GL6 4SE

4 de julio de 2007

Estimado Mr Ericsson:

Re: Invitación para dar una conferencia en el seminario sobre los Negocios en Europa

De parte de Business Network Associates tenemos el honor de invitarle para participar como **ponente principal** en nuestro seminario sobre los Negocios en Europa que tendrá lugar del 19 al 21 de julio del año que viene.

Business Network Associates es la empresa líder europea de medios de comunicación orientados a los negocios. Producimos multitud de publicaciones especializadas en los negocios, incluyendo la revista *Business Today*, **líder en el mercado**.

Como uno de nuestros principales expertos en formación empresarial, nos sentiríamos honrados si participa en nuestra conferencia y estamos seguros de que su charla será el **plato fuerte** de nuestro seminario para muchos **asistentes**.

Esperamos que nuestra invitación le resulte interesante y deseamos recibir noticias suyas pronto.

Atentamente,

E... Jong

Ms Erica Jong
Organización de eventos

Adjuntos: Folletos del seminario
Cc: Ms Smyth-Jones
Directora gerente

 VOCABULARIO

To hold (held)	Celebrar
AGM (Annual General Meeting)	Asamblea Anual de Accionistas
Suite	Suite
Clearly	Claramente
Too small	Demasiado pequeña
In addition	Además
Refreshments	Aperitivos
Eventually	Finalmente
In advance	Por adelantado
To ensure	Garantizar, asegurar
Refund	Reembolso
Inconvenience	Inconvenientes, molestias
Signature	Firma

CONSEJOS PARA ESCRIBIR CARTAS DE NEGOCIOS

Al escribir una carta de negocios, ordénela en tres partes claramente diferenciadas:

1. **Exponga las razones por las que escribe.**
2. **Describa aquello que solicita o reclama.**
3. **Exprese lo que desea que ocurra a continuación.**

Direcciones

En inglés británico, las cartas suelen ir encabezadas con la dirección del remitente en la esquina superior derecha, y con la fecha debajo. La dirección del destinatario se escribe en la esquina superior izquierda.

Saludos

Cuando conoce el nombre del destinatario:
Dear Mrs/Mr/Ms Smith

En inglés americano Mr. Mrs. y Ms. van seguidos de un punto:
Ms. Smith

Cuando no conoce el nombre del destinatario:
Dear Sir or Madam

Es frecuente utilizar el pronombre «*we*» cuando escribe en nombre de su empresa. Es más formal que «*I*».

Cierres

Inglés británico

Cuando conoce el nombre del destinatario, utilice «yours sincerely»:
Dear Mr Smith...
Yours sincerely

Cuando no lo conozca, «yours faithfully»:
Dear Sir of Madam...
Yours faithfully

Inglés americano

Yours truly,
Sincerely,

Firme la carta y a continuación indique su nombre completo y puesto en la empresa.

Algunas abreviaturas de uso común

Re: – respecto a (regarding)
pp – cuando se firma una carta de parte de otra persona
Enc(s). – cuando hay documentos adjuntos a la carta
cc: – los destinatarios que recibirán una copia de la carta

TAKE NOTE!

I am writing + to + **infinitivo**

I am writing to complain about...
I am writing to return...

O bien:

I am writing + in regard to...
I am writing + in response to...

I am writing in regard to your complaint of...
I am writing in response to your letter of 12th ...

 VOCABULARIO

In reference	En referencia a
The above order	El pedido arriba mencionado
Time-frame	Período de tiempo
Specified	Especificado
To dispatch	Enviar
Courier	Mensajero
Should	Debería
Enclosed	Adjunto
Brochure	Catálogo

TAKE NOTE!

We are pleased + to + **infinitivo**

We are pleased to confirm...	correcto
We are delighted to inform you...	correcto
We are pleased confirm...	**incorrecto**

Vocabulario

On behalf of...	De parte de...
Keynote speaker	Ponente principal
Market-leading	Líder en el mercado
Highlight	El plato fuerte, lo más destacado
Attendees	Asistentes

Object pronouns

I	He doesn't like **me**
You	They don't know **you**
He	I have met **him**
She	I haven't met **her**
It	Have you seen **it**?
We	Call **us**
You	Where are **you**?
They	Do you know **them**?

TAKE NOTE!

Se usan los **pronombres de sujeto** para sustituir sustantivos.
Por ejemplo:

Do you know **Julie**? No, I haven't met **her**.

Los pronombres de sujeto se usan detrás de una preposición.
Por ejemplo:

Look at **her**! CORRECT
Look at she! INCORRECT
I like **him**. CORRECT
I like he. INCORRECT

 EMAILS

Emails can be either very informal like spoken English or more business-like if to someone outside the company or that you don't know very well. They tend to be shorter and more to the point than business letters with the emphasis on exchanging information quickly.

Dear Phil

We would like to invite you to our Annual Sales Conference which will take place at The Ship Hotel on 22nd December 2007. The conference will be followed by a sit-down meal at the hotel's three-star restaurant. Please feel free to bring another person with you as our guest.

I hope this will be possible. Please let us know.

Best wishes,
Marilyn Fisher.

CORREO ELECTRÓNICO

Los correos electrónicos pueden ser o bien muy informales, como el lenguaje hablado, o más formales, de negocios, si se dirigen a alguien fuera de la empresa o que no conoce demasiado bien. Suelen ser más cortos y van más al grano que las cartas de negocios, y ponen el énfasis en la transmisión rápida de información.

Estimado Phil

Nos gustaría invitarle a nuestra Conferencia Anual de Ventas, que tendrá lugar en el The Ship Hotel el 22 de diciembre de 2007. La conferencia será seguida de una cena en el restaurante de tres estrellas del hotel. Si lo desea, puede traer a otra persona con usted como invitado nuestro.

Espero que sea posible. Háganoslo saber.

Saludos cordiales,
Marilyn Fisher.

 NOTICES

Notices are used to inform staff about changes, or to give instructions or warnings. They need a clear heading and should be short and formal. The name and position of the person who wrote the notice should be included as should the date.

Symonds and Symonds Solicitors

STAFF NOTICE

Due to vital building work, the canteen will be closed from Monday 16 until Friday 20 of July. We apologise for any inconvenience this may cause.

Nigel Bamford
Office Manager

NOTAS INFORMATIVAS

Las notas se usan para informar a la plantilla sobre cambios, o para comunicar instrucciones o advertencias. Precisan un encabezamiento conciso y deben ser cortos y formales. Debe incluirse el nombre y puesto de la persona que firma, así como la fecha.

Symonds and Symonds Abogados

NOTA PARA EL PERSONAL

Se hace saber que debido a las obras del edificio, la cafetería estará cerrada desde el lunes 16 hasta el viernes 20 de julio. Perdonen las molestias.

Nigel Bamford
Director Gerente

 ## MEMORANDUM

Memos are only used internally within a company. They should include to/from/subject/date headings. They should be short and include only important information. The style is formal or neutral. You can sign with your initials or a signature.

Symonds and Symonds Abogados

Memorándum

Para: Ms Jones
De: Azra Ghani
Fecha: 23 marzo 2007
Asunto: Holiday request

I am pleased to inform you that your request for a one year sabbatical has been cleared. Please contact Human Resources to sort out the details.

MEMORÁNDUM

Los memorándum se utilizan internamente en una empresa. Deben incluir un encabezado con el destinatario/remitente/asunto/fecha. Deben ser concisos e incluir únicamente lo esencial. El estilo es formal o neutro. Se puede firmar con las iniciales o la firma.

Symonds and Symonds Solicitors

Memo

To: Ms Jones
From: Azra Ghani
Date: 23 March 2007
Subject: Holiday request

Me alegro de informarle que su solicitud de un año sabático se ha tramitado. Por favor, póngase en contacto con Recursos Humanos para solucionar los detalles.

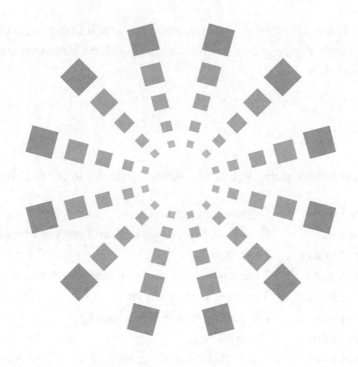

5. BUSINESS TRIPS

Travelling for business or for pleasure? Business trips are not holidays, quite the opposite. Although you get to know new people and places, they can get to be quite exhausting. To keep the stress to a minimum, there is nothing better than having a good command of the language of the country in which you are travelling: if we know how to cope when getting a taxi, asking directions and making hotel reservations, there is no business meeting that can get the better of us.

¿Viaja por negocios o por placer? Los viajes de negocios no son unas vacaciones; todo lo contrario. Aunque se conozcan lugares nuevos y personas diferentes, pueden llegar a ser muy agotadores. Para reducir el estrés al máximo, no hay nada mejor que dominar la lengua del país donde viajamos: si nos sabemos desenvolver con soltura al coger un taxi, preguntar el camino y reservar una habitación de hotel, no hay reunión de negocios que se nos resista.

 AT THE AIRPORT

Mrs Hunter arrives at the desk of Fly Airways in order to check in her luggage.

Mrs Hunter	Good evening.
Employee	Good evening, madam. **Can I see your ticket, please?**
Mrs Hunter	**Here you are.**
Employee	Thank you. Put your luggage here, please...
Mrs Hunter	Yes, here's my passport.
Employee	**Do you have any hand luggage?**
Mrs Hunter	Yes, this bag.
Employee	Your flight leaves at eight p.m. Make your way to gate two.
Mrs Hunter	Thank you for your help.

EN EL AEROPUERTO

Mrs Hunter llega a la ventanilla de Fly Airways para facturar su equipaje.

Mrs Hunter	Buenas tardes.
Empleado	Buenas tardes, señora. **¿Puedo ver su billete?**
Mrs Hunter	**Aquí lo tiene.**
Empleado	Gracias. Ponga su equipaje aquí, por favor...
Mrs Hunter	Sí. Ahí tiene mi pasaporte.
Empleado	**¿Lleva equipaje de mano?**
Mrs Hunter	Sí, este bolso.
Empleado	Su vuelo sale a las 20h. Diríjase a la puerta de embarque 2.
Mrs Hunter	Gracias, muy amable.

 VOCABULARIO

Hand luggage	Equipaje de mano
Boarding gate	Puerta de embarque
Airline	Aerolínea
Airplane	Avión
Aisle	Pasillo
Arrival	Llegada
Baggage/Luggage	Equipaje
Cabin	Cabina
Cancellation	Cancelación
Confirmation	Confirmación
Currency	Moneda
Customs office	Aduana
Departure	Salida
Duty free	Libre de impuestos
Flight	Vuelo
Flight attendant/Stewardess	Azafata
One-way ticket	Billete de ida
Passanger	Pasajero
Passport	Pasaporte
Return-ticket	Billete de vuelta
Round-trip ticket	Billete de ida y vuelta

Seat-belt	Cinturón de seguridad
To land	Aterrizar
To take off	Despegar
Window seat	Asiento de la ventana

 ## FORMACIÓN DE PREGUNTAS

Interrogativas del presente simple

Para formar preguntas en presente simple con el verbo **to be,** hay que invertir el orden del sujeto y el predicado:

Afirmación		Interrogación	
I	am...	Am	I...?
He			he...?
She	is...	Is	she?
It			it?
We			we?
You	are...	Are	you...?
they			they?

RESPUESTAS CORTAS

Yes,	I	am	No,	I'm not		
	he	is		he's		he isn't
Yes,	she	is	No,	she's not	No,	she isn't
	it	is		it's		it isn't
Yes,	we	are	No,	we're	No,	we aren't
	you	are		you're not		you aren't
	they	are		they're		they aren't

Para otros verbos, utilice el verbo auxiliar, **sin invertirlo.**

Do	+	Sujeto	+	Verbo
Do	+	you we they	+	have any hand luggage?
Does	+	he she it	+	want any dinner?

Can	I	Sujeto	+	Verbo
Can	+	I	+	see your ticket, please?

 AT A RAILWAY STATION

Mr Baker is going to a meeting in a nearby city. He has to change trains at the next station and ask the Ticket Inspector for the platform number that his train departs from.

Ticket collector	Tickets, please.
Mr Baker	Here you are. Excuse me, **which platform does the train to London leave from?**

Ticket collector	From platform 3, but **you have to hurry** because it leaves at 14.35 and is very punctual.
Mr Baker	If I miss the train, do I lose my reservation as well?
Ticket collector	**I'm afraid so**, sir.
Mr Baker	Well, I'd better hurry up. I don't want to arrive late.

EN LA ESTACIÓN DE TRENES

Mr Baker va a una reunión en una ciudad cercana. Debe hacer trasbordo en la siguiente estación y pregunta al revisor de qué andén sale el tren.

Ticket collector	El billete, por favor.
Mr Baker	Aquí tiene. Disculpe, **¿de qué andén sale el tren hacia Londres?**
Ticket collector	Del andén 3, pero **debe darse prisa**, porque parte a las 14:35h, y es muy puntual.
Mr Baker	¿Si pierdo el tren, pierdo también la reserva del billete?
Ticket collector	**Me temo que sí**, señor.
Mr Baker	Más vale que me dé prisa. No quiero llegar tarde.

 VOCABULARIO

Which platform does the train to London **leave** from?	¿De qué andén sale el tren **hacia** Londres?
You have to hurry	Debe darse prisa
I'm afraid so	Me temo que sí
What time is the next train to...?	¿A qué hora sale el próximo tren para...?
Do I have to change trains?	¿Tengo que hacer trasbordo?

TO BE GOING TO - FUTURE

Se utiliza este tiempo verbal para hablar de los **planes futuros** y para hacer **observaciones** o **predicciones basados en hechos reales**. Se utiliza <u>to be</u> en presente + <u>going to</u> + <u>el infinitivo</u> (sin «to»).

ORACIONES AFIRMATIVAS

> **I am (I'm) going to have fun**
> **You are (You're) going to be** famous
> **He/she/it is (He's/She's/It's) going to help** us
> **We are (We're) going to see** a film
> **You are (You're) going to have** dinner
> **They are (They're) going to get** wet

TAKE NOTE!

Lo normal es usar la contracción. Por ejemplo:
I am going to live in Spain - **I'm going to live** in Spain.

Con los verbos «come» y «go» normalmente usamos el **presente continuo**. Por ejemplo:
«**I'm going to go** to Spain» se convierte en «**I'm going to Spain**».
«**I'm going to come**» se convierte en «**I'm coming**».

ORACIONES NEGATIVAS

Se añade **not** después de **to be**:

> **You are (You're) not going to be** famous
> **He/she/it is (He's/She's/It's) not going to help** us
> **We are (We're) not going to see** a film
> **You are (You're) not going to have** dinner
> **They are (They're) not going to get** wet

También podemos usar:

You aren't going to be famous
He/she/it isn't going to help us
We aren't going to see a film
You aren't going to have dinner
They aren't going to get wet

ORACIONES INTERROGATIVAS Y RESPUESTAS CORTAS

Se coloca el verbo antes del sujeto:

Am I going to be famous?	Yes, **you are**	No, **you aren't**
Are you going to eat a cake?	Yes, **I am**	No, **I'm not**
Is He/She/It going to help us?	Yes, **he/she/it is**	No, **he/she/it isn't**
Are we going to learn Spanish?	Yes, **you are**	No, **you aren't**
Are you going to learn to be actors?	Yes, **we are**	No, **we aren't**
Are they going to speak Italian?	Yes, **they are**	No, **they aren't**

 ## VOCABULARIO

To be late	Llegar tarde
To miss the train	Perder el tren
To book	Reservar
To get on	Subirse
To get off	Bajarse
To change trains	Efectuar transbordo
Passenger	Pasajero

Information office	Ventanilla de información
Left luggage	Consigna
On time	Puntual
Platform	Andén
Railway station	Estación
Ticket collector	Revisor
Waiting room	Sala de espera

 IN A TAXI

Mrs Field takes a taxi from her airport to the hotel.

Mrs Field	Taxi!
Taxi driver	Good afternoon, madam.
Mrs Field	Good afternoon.
Taxi driver	**Where can I take you?**
Mrs Field	To the Hotel Prince, please.
Taxi driver	Certainly, madam.
Mrs Field	**How long will it take?**
Taxi driver	About 20 minutes if there aren't any **traffic jams.**
Mrs Field	Fantastic.

EN UN TAXI

Mrs Field coge un taxi en el aeropuerto para llegar a su hotel.

Mrs Field	¡Taxi!
Taxi driver	Buenas tardes, señora.
Mrs Field	Buenas tardes.

Taxi driver	¿Dónde la llevo?
Mrs Field	Al Hotel Prince, por favor.
Taxi driver	Sí, señora.
Mrs Field	¿Cuánto tardamos?
Taxi driver	Si no hay atasco, unos 20 minutos.
Mrs Field	Estupendo.

 ## VOCABULARIO

Where can I take you?	¿Dónde la/lo llevo?
Where would you like to go?	¿ Dónde quiere ir?
How long will it take?	¿Cuánto tardamos?
Traffic jams	Atascos
How much will it cost to get to...?	¿Cuánto cuesta llegar a...?
Could you help me with my bags, please?	¿Podría ayudarme con el equipaje, por favor?

TAKE NOTE!

Timetables

En Gran Bretaña no se utiliza el reloj de 24 horas. Suele usarse **a.m.** y **p.m.** para indicar las horas de por la mañana y de por la tarde.

10 a.m. = 10 h
5 p.m. = 17 h

HOW TO GET THERE

It is vital to be able to find your way, but sometimes we get lost. How do we ask the way? If someone is coming to a meeting, how do we explain to them how to get to the office?

Mr Bucket is explaining by telephone to Mr Hicks how to get to the Congress Hall where they have a convention.

Mr Bucket	... Well, you have to **take the second exit off the motorway.**
Mr Hicks	Right.
Mr Bucket	And, **when you get to the roundabout,** take Gran Avenida, to the right.
Mr Hicks	On the right?
Mr Bucket	Yes, then **take the third street on the left** and **continue straight on.** You'll see the congress Hall in front of you.
Mr Hicks	OK. The third street on the right? **Is it easy to park in that area?**
Mr Bucket	Don't worry, there's an underground car park.
Mr Hicks	Perfect. I'll see you there.

CÓMO LLEGAR

Es imprescindible saber orientarse, pero a veces nos perdemos. ¿Cómo preguntamos el camino? Si va a venir alguien a una reunión, ¿cómo le explicamos la manera de llegar a la oficina?

Mr Bucket está explicando por teléfono a Mr Hicks cómo llegar hasta el Palacio de Congresos, donde tienen una convención.

Mr Bucket	...Bueno, pues tiene que coger la segunda salida de la autovía.

Mr Hicks	De acuerdo.
Mr Bucket	Y, cuando llegue a la rotonda, vaya hacia la Gran Avenida, a la derecha.
Mr Hicks	¿A la derecha?
Mr Bucket	Sí. Después coja la tercera calle a la izquierda, y siga todo recto. De frente verá el Palacio de Congresos.
Mr Hicks	Vale. La tercera calle a la izquierda. ¿Se aparca bien por esa zona?
Mr Bucket	No se preocupe, hay un aparcamiento subterráneo.
Mr Hicks	Perfecto. Entonces nos vemos allí.

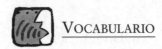 VOCABULARIO

Take the second exit off the motorway	Coja la segunda salida de la autovía
When you get to the roundabout...	Al llegar a la rotonda...
Take the third street on the left	Coja la tercera calle a la izquierda
Is it easy to park in that area?	¿Es fácil aparcar por la zona?

 ASKING FOR DIRECTIONS

Cuando pregunte a un desconocido, es conveniente empezar con un «excuse me», (perdón):

Excuse me, where's Gran Avenida, please?
Excuse me, do you know the way to Gran Avenida?
Excuse me, could you tell me how to get to Gran Avenida?

Si no comprende las indicaciones a la primera, pida que lo vuelva a repetir:

«Could you repeat that, please?».
«Could you say that again, please».

Si le habla demasiado rápido, pídale que hable más despacio:

«Could you speak a little slower, please».

Al acabar, recuerde agradecer su ayuda con un «thank you».

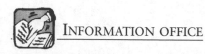 INFORMATION OFFICE

Mr Jones has an important work meeting in Paris. He goes to the information office at the airport, where he talks to an employee.

Mr Jones	Excuse me, **where do I check in my luggage?**
Employee	**What's your flight number,** please?
Mr Jones	34567-QA.
Employee	The Quick Airlines desk is number 28, follow the corridor on the right.
Mr Jones	Thank you, and I'm looking for a café. **Do you know where I can find one?**
Employee	Yes, of course. The airport café is on the second floor.
Mr Jones	Thank you, and one more thing...
Employee	Certainly.
Mr Jones	**Where are the toilets, please?**
Employee	Straight ahead then on the right.
Mr Jones	Thank you very much.

OFICINA DE INFORMACIÓN

Mr Jones tiene una importante reunión de trabajo en París. Acude a la oficina de información del aeropuerto donde le atiende un empleado.

Mr Jones	Perdone, ¿dónde puedo facturar el equipaje?
Employee	¿Cuál es su número de vuelo, por favor?

Mr Jones	El 34567-QA.
Employee	La ventanilla de Quick Airlines es la número 28, siguiendo el pasillo a mano derecha.
Mr Jones	Gracias. Y, estoy buscando una cafetería. ¿Sabe dónde hay una?
Employee	Sí, por supuesto. La cafetería del aeropuerto está en la segunda planta.
Mr Jones	Gracias. Y, otra cosa más...
Employee	Dígame.
Mr Jones	¿El baño dónde está, por favor?
Employee	Todo recto y a la izquierda.
Mr Jones	Muchas gracias.

 VOCABULARIO

Where do I check in my luggage	¿Dónde puedo facturar el equipaje?
What's your flight number?	¿Cuál es su número de vuelo, por favor?
Do you know where I can find one?	¿Sabe dónde hay una?
Where are the toilets, please?	¿El baño dónde está, por favor?

Preguntas WH- con el verbo TO BE

Where is the bank?	¿Dónde está el banco?
Where is the bus stop?	¿Dónde está la parada de autobús?

Preguntas WH - con DO o DID

When did the train arrive?	¿Cuándo llegó el tren?
What time does the duty-free shop open?	¿A qué hora abre la tienda libre de impuestos?

WH - questions
==============

What, where, who, why, how and when.

Para formar preguntas con estas palabras interrogativas, se coloca la palabra con «wh-» antes del verbo:

> **What is it?**
> **Where are we?**
> **Who are you?**
> **Why are you** here?
> **How are they?**
> **When is she** late?

Se coloca la palabra «wh-» antes del auxiliar (**do** o **does**):

> **What do I eat** for lunch?
> **Where does** he live?
> **Who does she** work with?
> **Why do you** work late?
> **How do we** get home?
> **When do they** have lunch?

What...?	¿Qué?
Where...?	¿Dónde?
When...?	¿Cuándo?
Who...?	¿Quién?
Why...?	¿Por qué?
Which...?	¿Cuál?
How...?	¿Cómo?

Preguntas indirectas

Could you tell me where the bathroom is?	¿Podría decirme dónde está el baño?
Do you know where the customs office is?	¿Sabe dónde está la aduana?
Could you tell me when the train arrived?	¿Podría decirme cuándo llegó el tren?
Do you know what time the shops open?	¿Sabe a qué hora abren las tiendas?

BOOKING BY PHONE

We see how a telephone reservation is made and what happens when we wish to complain about something.

Mr Heath is phoning from his office in order to book a hotel room.

Receptionist	Good morning. Prince Hotel. How can I help you?
Customer	Good morning. **I'd like to book a room**, please.
Receptionist	When for, sir?
Customer	For next week. I'm arriving on the 5th of April and leaving on the 7th.
Receptionist	Would you like a **single or a double room**?
Customer	A single room, please.
Receptionist	One moment, please, **hold the line, I'll check**. (...) Yes, we have a single room with a bathroom. Is that all right?
Customer	Yes, that's fine. How much is that?
Receptionist	Arrival on the 5th and departure on the 7th... That's 180€, breakfast included.
Customer	Good, I'll take it.
Receptionist	Could I have your name, please?
Customer	Yes, it's Matthew Heath.
Receptionist	Right, Mr Heath. That's a single room with bath from the 5th to the 7th of April. Could you send us a fax to confirm your booking, please?
Customer	Of course.

RESERVA TELEFÓNICA

Veamos cómo se efectúa una reserva telefónica y qué ocurre cuando queremos poner una reclamación o quejarnos por algo.

Mr Heath está llamando desde su oficina para reservar una habitación de hotel.

Recepcionista	Buenos días. Prince Hotel. ¿Qué desea?
Cliente	Buenos días. Deseo **reservar una habitación**, por favor.
Recepcionista	¿Para cuándo, señor?
Cliente	Para la semana que viene. Llegaré el 5 de abril y me marcharé el día 7.
Recepcionista	¿Desea una **habitación sencilla o doble**?
Cliente	Una sencilla, por favor.
Recepcionista	Un momento, por favor, **no cuelgue, voy a comprobarlo**. (...) Sí, tenemos una habitación sencilla con baño. ¿Le viene bien?
Cliente	Sí, está bien. ¿Cuánto es?
Recepcionista	Llegada el día 5 hasta el 7... Son 180€, desayuno incluido.
Cliente	Bien, me lo quedo.
Recepcionista	¿Me da su nombre, si es tan amable?
Cliente	Sí, Matthew Heath.
Recepcionista	De acuerdo, Mr Heath. Es una habitación sencilla con baño del 5 al 7 de abril. ¿Podría mandar un fax para confirmar su reserva, por favor?
Cliente	Por supuesto.

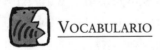 VOCABULARIO

To book	Reservar
To hold the line	Esperar (no colgar)
To check	Comprobar
A single room	Habitación sencilla
A double room	Habitación doble

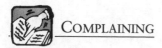 ## COMPLAINING

See how Mrs Bouquet complains about the hotel's services.

Mrs Bouquet	**Excuse me,** Miss.
Receptionist	Yes, Madam. **How can I help you?**
Mrs Bouquet	**I'd like to make a complaint.** Do you have a complaints form?
Receptionist	Certainly madam, what seems to be the problem?
Mrs Bouquet	There aren't any towels in my room.
Receptionist	I'm sorry, I will send up some clean towels immediately.
Mrs Bouquet	**But that's not all.** The heating doesn't work.
Receptionist	Oh! I am sorry. I'll send someone to check on the installation.
Mrs Bouquet	And that's not all, the hairdryer is broken and the telephone won't work.
Receptionist	Well. The best thing to do would be to change your room. I'll have a look to see if there are any free.
Mrs Bouquet	**I'm very upset.** I expected better service from a hotel of this standard.
Receptionist	**Excuse us for the inconvenience madam.** Please accept the executive suite, with views of the city. Naturally, we'll charge you the cost of the single room that you were in.
Mrs Bouquet	I would expect nothing less, Miss.

RECLAMACIONES

Mrs Bouquet se queja de los servicios del hotel.

Mrs Bouquet	Disculpe, señorita.
Recepcionista	Sí, señora, ¿qué desea?
Mrs Bouquet	Quisiera presentar una reclamación. ¿Tiene libro de reclamaciones?
Recepcionista	Sí, señora. ¿Qué problema tiene?
Mrs Bouquet	No hay toallas en mi habitación.
Recepcionista	Disculpe. En seguida mando toallas limpias.
Mrs Bouquet	Pero eso no es todo. La calefacción no funciona.
Recepcionista	Vaya, lo siento. Enviaré a un técnico para que revise la instalación.
Mrs Bouquet	Y no sólo eso. Está estropeado el secador de pelo y no funciona el teléfono.
Recepcionista	Bueno... Lo mejor va a ser cambiarle de habitación. Espere, voy a mirar si hay alguna libre.
Mrs Bouquet	Estoy muy disgustada. Me esperaba un mejor servicio de un hotel de esta categoría.
Recepcionista	Perdone las molestias, señora. Haga el favor de aceptar la suite ejecutiva, con vistas a la ciudad. Naturalmente, le cobraremos el precio de la habitación sencilla donde se estaba alojando.
Mrs Bouquet	No me esperaba menos, señorita.

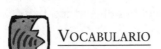 VOCABULARIO

Excuse me, Miss.	Disculpe, señorita
How can I help you?	¿Qué desea?
I'd like to make a complaint	Quisiera presentar una reclamación
But that's not all	Pero eso no es todo
I'm very upset	Estoy muy disgustada
Excuse us for the inconvenience madam	Perdone las molestias, señora

TAKE NOTE!

Las quejas o críticas directas pueden resultar muy groseras en inglés. Generalmente se utilizan fórmulas para introducir una queja.

Complaints and criticisms can seem quite rude in English. Certain formulas are generally used in order to present a complaint.

I'm sorry to have to say this but...	Siento decir esto, pero...
I'm sorry to interrupt, but...	Siento interrumpir, pero...
I'm sorry to bother you, but...	Siento molestarle, pero...
Don't get me wrong, but...	No me malinterprete, pero...
Excuse me if I'm out of line, but...	Perdone si me paso, pero...

Vea el capítulo 4, *Hacer una reclamación*.

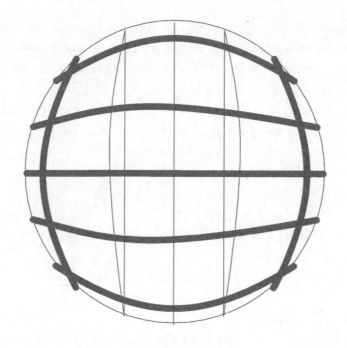

6. MEETINGS AND CONVENTIONS

Studies suggest that almost half of all meetings run are unnecessary. Meetings can be time-consuming if they are badly run, with the wrong members and lack clear objectives. Well-run meetings, on the other hand, can be an extremely efficient way to get things done quickly as well as supporting a team. A meeting reflects the culture of the organisation and if run professionally it will encourage a team to work in a professional way. It is vitally important to prepare for a meeting beforehand.

Las investigaciones sugieren que casi la mitad de todas las reuniones son totalmente innecesarias. Las reuniones pueden ocupar mucho tiempo si no se dirigen adecuadamente, si no se implica a las personas adecuadas y si carecen de objetivos claros. Las reuniones bien dirigidas, por el contrario, pueden llegar a ser una manera extremadamente eficiente de agilizar las cosas, así como servir de apoyo a un equipo. Una reunión refleja el nivel cultural de la organización y, si se dirige de una manera profesional, animará al equipo a trabajar profesionalmente. Es de vital importancia preparar una reunión con antelación.

 IMPORTANT POINTS FOR SUCCESSFUL MEETINGS

Have a clear agenda

If you need information from the group, ensure all attendees have a copy of an **agenda** before the meeting. If you want to share information, draft an outline of your **key points**. If you simply want the team to meet and bond, choose an environment that will help this to happen.

Prepare your supporting materials

Ensure that you have whatever **materials** you will need to make the meeting a success. Things like **pens** and **paper,** or **forms** and **handouts** will be needed if you need to gather information. If using **slides** or a **laptop,** ensure these are checked before the meeting. Take time in advance to consider what materials will help make the meeting more effective and interesting.

State your objectives

Be sure to tell people in advance what to expect - where the meeting will be, how long it will be and what will be discussed. Ensure that all **attendees** understand the **purpose** and **goal** of the meeting so they can come prepared.

A role for everyone present

Ensure that everyone attending the meeting is there for a reason and that they know what their role is and what they will be expected to contribute.

Discuss the next meeting

Set time and date of next meeting if possible and discuss what you feel will need to be covered.

Review actions and outcomes

Before closing the meeting review the **actions to be taken** and ensure people know what they need to do and in what **timescale**.

Thank everybody for their time

Everybody's time is precious so it is important to thank them for their **participation** and **contributions**. Take extra time to let key participants know just how helpful their contributions were during the meeting.

Review the meeting

Immediately after the meeting **review** what went well, and what didn't. Learn from each meeting and find ways to improve each time.

PUNTOS IMPORTANTES PARA REUNIONES CON ÉXITO

Tener una orden del día clara

Si necesita información del grupo, asegúrese de que todos los asistentes disponen de una copia de la **orden del día** antes de la reunión. Si desea compartir información, apunte un resumen de los **puntos clave**. Si simplemente desea que el equipo se reúna y estreche lazos, elija un entorno que ayude a que ocurra.

Preparar el material de apoyo

Asegúrese de que dispone de todo el **material** que necesita para que la reunión tenga éxito. Si necesita recopilar información, necesitará cosas como **bolígrafos** y **papel** o **formularios** y **fotocopias**. Si va a utilizar **diapositivas** o un **portátil**, asegúrese de que comprueba que está todo en orden antes de empezar la reunión. Tómese el tiempo necesario para considerar qué materiales ayudarán a que la reunión resulte más efectiva e interesante.

Exponer sus objetivos

Asegúrese de comunicar a la gente por anticipado qué se ha de esperar –dónde tendrá lugar la reunión, cuánto durará y qué se discutirá–. Asegúrese de que todos los **asistentes** comprenden el **motivo** y **finalidad** de la reunión para que vayan a ella preparados.

Un papel para todos los presentes

Asegúrese de que todos los que asisten a la reunión están ahí por una razón y de que saben qué función tienen y de qué manera se espera que contribuyan.

Hablar de la próxima reunión

Proponga fecha y hora para la próxima reunión si es posible, y discuta los puntos que cree es necesario tratar.

Valorar las acciones y resultados

Antes de cerrar la reunión, revise las **acciones que se han de tomar** y asegúrese de que la gente sabe lo que tiene que hacer y en qué **período de tiempo**.

Dar las gracias a todos por su tiempo

El tiempo de cada cual es oro, así que es importante agradecer la **participación** y **contribuciones** de los asistentes. Tómese el tiempo necesario para hacer saber a los participantes clave lo útil que han resultado sus contribuciones durante la reunión.

Valorar la reunión

Inmediatamente después de la reunión, **valore** qué marchó bien y qué no. Aprenda de cada reunión y encuentre maneras de mejorar cada vez.

 VOCABULARIO

Agenda	Orden del día
Key points	Puntos clave
Materials	Materiales
Pen	Bolígrafos
Paper	Papel
Forms	Formularios
Handouts	Fotocopias
Slides	Diapositivas
Laptop	Portátil
Attendees	Asistentes
Purpose	Motivo
Goal	Finalidad
Actions to be taken	Acciones que se han de tomar
Timescale	Período de tiempo
Participation	Participación
Contribution	Contribución
To review	Valorar

Frases prácticas, lenguaje fluido

Dar una opinión

In my opinion...	En mi opinión...
I'm sure that...	Estoy seguro de que...
I feel that...	Opino que...
If you ask me...	Si me preguntas a mí, creo que...

Pedir una opinión

Do you think that...?	¿Piensas que...?
What do you think?	¿Qué opinas?
Are you sure that...?	¿Estás seguro de...?
How do you feel about...?	¿Qué opinas a cerca de...?

Llamar la atención del moderador

May I say something?	¿Puedo decir algo?
Excuse me for interrupting, but...	Perdón por interrumpir, pero...
May I add something here?	¿Puedo añadir una cosa?

Hacer comentarios

That's interesting	Qué interesante...
Good point!	Buen argumento/tienes razón!
I understand	Comprendo
I get your point	Entiendo tu argumento
I see what you mean	Ya veo lo que quieres decir

Discrepar

(I'm afraid) I don't agree	(Me temo que) no estoy de acuerdo
Unfortunately, I see it differently	Por desgracia, lo veo de otro modo
I agree with you up to a point, but...	Estoy de acuerdo hasta cierto punto, pero...

Estar de acuerdo

Exactly!	¡Exacto!
I totally agree with you	Totalmente de acuerdo
I have to agree with (name of participant)	Debo mostrarme de acuerdo con... (nombre de participante)
That's (exactly) what I think	Eso es (exactamente) lo que opino

Sugerir

Perhaps we should...	Quizá deberíamos...
Why don't we....?	¿Por qué no...?
How about...?	Y si...?
I suggest/recommend that...	Sugiero/recomiendo que...

Pedir que se repita algo

I didn't catch that. Could you repeat that, please?	No lo he entendido. ¿Podrías repetirlo?
I'm afraid I didn't understand that. Could you repeat what you just said?	Me temo que no lo he comprendido. ¿Podrías repetirlo?
I missed that. Could you say it again, please?	No me he enterado. ¿Podrías volver a decirlo, por favor?

Solicitar información

Would you mind...?	¿Te importaría...?
I wonder if you could...?	¿Me pregunto si...?
Please, could you...?	Por favor, ¿podrías...?
I'd like you to...	Me gustaría que tú...

Pedir que se aclare una idea

I don't quite follow you. What exactly do you mean?	No te sigo del todo. ¿A qué te refieres exactamente?
I'm afraid I don't quite understand what you're getting at.	Me temo que no entiendo muy bien a dónde quieres llegar...
Could you explain to me how that is going to work?	¿Podrías explicarme cómo va a funcionar eso?
Do you mean that...?	¿Quieres decir que...?
Could you spell that, please?	¿Podrías deletrearlo, por favor?

Aclarar una idea

I'd just like to repeat that...	Sólo me gustaría repetir que...
Do you see what I'm getting at?	¿Entiendes a lo que quiero llegar?
Have I made that clear?	¿Ha quedado claro?
Let me put this another way...	Déjame decirlo de otro modo...

Corregir información

That's not (quite) what I meant	Eso no es (exactamente) lo que quería decir
Sorry, I think you misunderstood what I said	Lo siento, creo que has malinterpretado lo que quería decir
I'm afraid you don't understand what I'm saying	Me temo que no comprendes lo que estoy diciendo

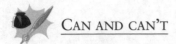 CAN AND CAN'T

ORACIONES AFIRMATIVAS

I can swim
You can type
He/she/it can help
We can meet tomorrow
You can drive
They can come

ORACIONES NEGATIVAS

I can't swim
You can't type
He/she/it can't help
We can't meet tomorrow
You can't drive
They can't come

Se suele usar la contracción «I can't» swim en vez de «I cannot» swim.

ORACIONES INTERROGATIVAS Y RESPUESTAS CORTAS

Se coloca el verbo antes del sujeto:

Can I swim?
Can you come?
Can he/she/it help?
Can we meet tomorrow?
Can you finish today?
Can they find the office?

Yes, you can   No, you can't
Yes, I can   No, I can't
Yes, he/she/it can   No, he/she/it can't
Yes, you can   No, you can't
Yes, we can   No, we can't
Yes, they can   No, they can't

COULD AND COULDN'T

ORACIONES AFIRMATIVAS

I could swim
You could type
He/she/it could help
We could meet tomorrow
You could drive
They could come

ORACIONES NEGATIVAS

I couldn't swim
You couldn't type
He/she/it couldn't help
We couldn't meet tomorrow
You couldn't drive
They couldn't come

Se usa **can** y **could** para expresar una posibilidad o permiso.
Por ejemplo:

We **can't swim** because the sea is too cold. (Present tense).
We **couldn't** swim because the sea was too cold - *We were not able to swim because of the water.* (Past tense).

You **can't** go home yet. *You do not have permission to go home yet.* *(Present tense)*

También se usa **can** y **could** para realizar solicitudes corteses:

Can I close the window?
Could you finish, please? - *I am politely asking you to finish.*
Could I have a drink please? - *I am asking politely for a drink.*

También podemos usar **may** para pedir permiso, pero es menos común.

May I close the window?
May I get a glass of water?

TAKE NOTE!

May <u>no</u> puede usarse para pedirle a alguien que haga algo.

May you shut the window? INCORRECT

ORACIONES INTERROGATIVAS Y RESPUESTAS CORTAS

Se coloca el verbo antes del sujeto:

Could I swim?
Could you come?
Could he/she/it help?
Could we meet tomorrow?
Could you finish today?
Could they find the office?

Yes, **you could**	No, **you couldn't**
Yes, **I could**	No, **I couldn't**
Yes, **he/she/it could**	No, **he/she/it couldn't**
Yes, **you could**	No, **you couldn't**

Yes, **we could**   No, **we couldn't**

Yes, **they could**   No, **they couldn't**

TAKE NOTE!

Se usa el infinitivo _sin_ «to» después de **can, can't, could** y **couldn't**.

I can swim CORRECT

I can <u>to</u> swim. INCORRECT

 MAINTENANCE GROUP MEETING MINUTES

Three Piers Housing Co-Op is group of individuals who jointly own and live in several houses in the South of England. Their Maintenance Group meets once a month to discuss any repairs that need doing to their houses or requests from their members for new appliances or furniture. Below are the minutes from the meeting of 25th June 2007.

Chair - Lynne Iglas

Minutes - Vahsti Pale

<u>**Attendance:**</u>

Harry Al-Khayyat

Em Crozier

Helen Arcari

Vashti Pale

Lynne Iglas

The meeting **aimed** to be finished by nine o'clock

1. **Approval of last month's minutes:**
    Approved.

2. **Matters Arising:**
    A letter **to be dealt with** in Correspondence from Smith & Wade.

3. **Correspondence:**
Lynne has spoken to Bill Smith. She explained that he was **unaware** that we had a problem with his work and didn't understand why we hadn't paid him. The maintenance **representatives** all offered opinions on whether the co-op should **withold** Smith & Wade's **fee**. The meeting decided that we should pay Smith & Wade and stop using their services.

The meeting **proposed** to pay the outstanding fee to Smith & Wade of £2700.
Proposed by Lynne, **seconded** by Harry.

All those in favour –8– unanimous
None against.
No **abstentions**

4. **Convenor's report:**
Lynne feels it is difficult to contact people. Harry will send her email addresses and mobile numbers.

Working group to take place on 22nd July at 11.00 am at *The Nook*. To attend: Lynne, Harry, Danni and Sadler.

5. **Treasurer's report:**
Not present, no report.

6. **House Reports:**

Major Close House: Emergency repair to door. Three **quotes obtained** to fix window.

Eastern Road House: Carol needs her front door repairing. Tony requests glass shower door. **Request denied.** Meeting suggests he gets a shower curtain instead.

Lynne **proposed**, Harry **seconded**.

For: 7,
Against: 0,
Abstentions: 1.

7.   **Any Other Business** - None.

DATE, TIME AND PLACE OF NEXT MEETING:

7.30pm, July 20th - The Hall

ACTAS DE LA REUNIÓN DEL EQUIPO DE MANTENIMIENTO

La cooperativa de viviendas Three Piers es un grupo de individuos que son dueños conjuntamente y viven en varias casas en el sur de Inglaterra. Su Equipo de Mantenimiento se reúne una vez al mes para discutir cualquier reparación que precisen sus casas o solicitudes de sus miembros para nuevos electrodomésticos o muebles. A continuación se detallan las actas de la reunión del 25 de junio de 2006.

Moderador - Lynne Iglas
Actas - Vahsti Pale

<u>Asistentes:</u>
Harry Al-Khayyat
Em Crozier
Helen Arcari
Vashti Pale
Lynne Iglas

Se espera que la reunión haya concluido para las nueve.

1.   **Aprobación de las actas del mes pasado:**
Se aprueban.

2. **Puntos a tratar:**
Debe **tratarse** una carta de Smith&Wade en Correspondencia.

3. **Correspondencia:**
Lynne ha hablado con Bill Smith. Explicó que **ignoraba** que tuviéramos un problema con su trabajo y no comprendía por qué no le habíamos pagado. Los **representantes** de mantenimiento ofrecieron diversas opiniones sobre si la cooperativa debería **retener los honorarios** de Smith & Wade. En la reunión se decidió que deberíamos pagar a Smith & Wade y no volver a solicitar sus servicios.

En la reunión **se propuso** pagar los honorarios pendientes a Smith&Wade de £2700.
Propuesto por Lynne, **secundado** por Harry.

Todos a favor −8− **decisión unánime**
Nadie en contra.
Ninguna **abstención.**

4. **Informe de convocante:**
Lynne opina que es difícil contactar con la gente. Harry le enviará las direcciones de correo electrónico y número de teléfono móvil.

El **grupo de trabajo** tendrá lugar el 22 de julio a las 11.00h en *The Nook*. Asisten: Lynne, Harry, Danni y Sadler.

5. **Informe del tesorero:**
No está presente, no hay informe.

6. **Informes de las casas:**

Casa de Major Close: reparación de emergencia de la puerta. Se **obtienen** tres **presupuestos** para arreglar una ventana.

Casa de Eastern Road: Carol necesita que se arregle su puerta principal.

Tony solicita una mampara de cristal para el baño. Se rechaza su solicitud. En la reunión se sugiere que se compre una cortina de baño. Lynne **propone,** Harry **secunda.**

A favor: 7,
En contra: 0,
Abstenciones: 1.

7. **Otros asuntos** - Ninguno.

FECHA, HORA Y LUGAR DE LA PRÓXIMA REUNIÓN:

19.30h, 20 de julio - The Hall

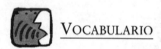 VOCABULARIO

Chair (person)	Moderador
To chair	Moderar
Minutes	Actas
Attendance	Asistencia
To aim	Tener como finalidad, esperarse
Approval	Aprobar
Matters arising	Puntos a tratar/asuntos
To be dealt with	A tratar
Correspondence	Correspondencia
To be unaware	Ignorar, desconocer

Representatives	Representantes
Withold	Retener
Fee	Honorarios
To propose	Proponer
To second	Secundar
Unanimous	Unánime
Abstentions	Abstenciones
Convenor	Convocante
Working group	Grupo de trabajo
Not present	No presente
Quotes	Presupuesto
To obtain	Obtener
Emergency	Emergencia
All those in favour	Todos a favor
All against	Todos en contra
Jointly	Conjuntamente
Maintenance	Mantenimiento
To discuss	Discutir
Appliances	Electrodomésticos
Furniture	Muebles
Report	Informe
Correspondence	Correspondencia, cartas
Treasurer	Tesorero
Any others business	Otros asuntos

TAKE NOTE!

Estas son algunas de las palabras que se deben tener en cuenta para preparar una reunión o una agenda de trabajo.

<u>A Meeting Agenda</u>

- Introductions and apologies
- Approval of last month's minutes
- Matters Arising
- Correspondence
- Reports
- Any Other Business (AOB)
- Set time and date of next meeting

<u>La orden del día</u>

- Presentaciones y disculpas
- Aprobación de las actas del mes anterior
- Puntos a tratar
- Correspondencia
- Informes
- Otros asuntos/asuntos varios
- Concretar fecha y hora para la próxima reunión

 ## Vocabulario

APERTURA Y PRESENTACIONES

Se abre la sesión. Saludamos y hacemos las presentaciones pertinentes. Se leen las disculpas de los que no han podido asistir.

It's a pleasure to welcome...	Es un placer dar la bienvenida a...
I'm (name) and I'm the (job title)	Soy (nombre) y soy (ocupación)
Good morning/afternoon, everyone	Buenos días/tardes a todos
If we are all here, let's get started.	Si estamos todos, empecemos
I'm afraid (name) can't be with us today. She is in...	Me temo que (nombre) no puede estar aquí con nosotros hoy. Está en...

APROBACIÓN DE LAS ACTAS DE LA REUNIÓN ANTERIOR

Se leen las actas o se entrega una copia de las actas de la reunión anterior a todos los presentes.

To begin with I'd like to quickly go through the minutes of our last meeting	Para empezar, me gustaría repasar rápidamente las actas de la reunión anterior

COMIENZO DE LA REUNIÓN

Se presenta el orden del día y se reparten las funciones (quién toma las actas, participantes, etc.), se establecen las reglas de procedimiento, es decir, no interrumpir, dar la voz, etc.)

There are X items on the agenda. First, ... second, ... third, ... Lastly, have you all received a copy of the agenda?	Hay X asuntos en el orden del día. Primero... segundo... tercero... Por último, ¿han recibido todos copia del orden del día?
(name of participant) has agreed to take the minutes	(nombre de asistente) ha decidido tomar las actas
(name of participant) will lead point 1, (name of participant) point 2, and (name of participant) point 3	(nombre de asistente) dirigirá el punto 1, (nombre de asistente) el punto 2 y (nombre de asistente) el punto 3
I suggest we go round the table first	Sugiero que primero hagamos una ronda a la mesa
Let's make sure we finish by ...	Vamos a asegurarnos de que acabamos para las...
I'd suggest we ...	Sugiero que...
There will be five minutes for each item	Habrá cinco minutos para tratar cada asunto

Cuerpo principal de la reunión

El moderador presenta los asuntos de la orden del día. Los participantes hablan de uno en uno, hacen propuestas y las discuten o votan. Se acuerdan las medidas a tomar. La persona que toma las actas apunta todo lo que se dice.

So, let's start with...	Bueno, empecemos con...
Why don't we start with...	Por qué no empezamos con...
The first item on the agenda is	El primer asunto de la orden del día es...
Sarah, would you like to kick off?	Sarah, ¿le gustaría hacer el saque inicial?
(name of participant), would you like to introduce this item?	¿Le gustaría presentar este asunto?
If nobody has anything else to add...	Si nadie tiene nada más que añadir...
The next item on today's agenda is...	El siguiente punto de la orden del día es...
Why don't we move on to...	Por qué no pasamos a...

Agradecimientos a los asistentes y cierre

Se resume lo acordado. Se comprueba que todo el mundo está de acuerdo y se sugiere una fecha y hora para la próxima reunión. Se agradece la asistencia y se cierra la reunión.

I'd like to thank Marianne and Jeremy for coming over from London	Quisiera agradecer a Marianne y a Jeremy haber venido desde Londres
Thank you all for attending	Gracias a todos por asistir
Thanks for your participation	Gracias por su participación
The meeting is finished, we'll see each other next...	La reunión ha terminado, nos volveremos a ver el próximo...
I declare the meeting closed	Declaro la reunión cerrada
Before we close today's meeting, let me just summarize the main points	Antes de cerrar la reunión de hoy, déjenme resumir los puntos principales
Let me quickly go over today's main points	Permítanme repasar rápidamente los puntos principales de hoy
Can we set the date for the next meeting, please?	¿Podemos fijar una fecha para la próxima reunión?
So, the next meeting will be on the... of... at...	Bueno, así que la próxima reunión será el día... de... en...

 REGIONAL MANAGER'S AGENDA

Eric Wolfe is chairing a meeting of Regional Managers at Diamond Glass. The Regional Managers have just arrived. He welcomes them.

Eric Wolfe: Hello! Come in.
Mr Smith: Hi Eric. Nice to see you again!
Ms Jones: Hello everybody.
Mrs Peters: Hi there!
Eric Wolfe: Okay, nice to see everyone again. Can we start off with introductions maybe?

Mr Smith:	Hi, I'm John and I'm Area Manager for Wales.
Ms Jones:	Hello, I'm Judith and I'm Area Manager for Scotland.
Mrs Peters:	I'm Sylvia and I'm Area Manager for Southern.
Eric Wolfe:	...And I'm Eric Wolfe Area Manager for the North and chair of this meeting today. **Firstly** and most importantly: Would anyone like a cup of tea and some biscuits?
Judith:	I thought you'd never ask!
Sylvia:	You're so English Judith! Coffee for me please.
John:	Tea please. No biscuits for me, I'm on a diet - I'm not allowed.
Sylvia:	Oh you poor thing. I'll have yours shall I?
Eric:	Right, if everyone's happy, we can take a look at the **agenda.** So, firstly we have the approval of last month's minutes. Then Matters Arising, Then we're going to have a **brain-storming** session about attracting a **wider client base.** Then we've got to talk about the plans for **relocation** of the Birmingham office. I've **allowed half an hour** for that because I think there's a lot to talk about. Then lunch at one o'clock. How does that sound to everyone? Anything anybody would like to add?
Sylvia:	That sounds fine.
Judith:	Yes, **fine with me.**
John:	Brilliant.
Eric:	Great. So if we can **move to the first item** on the agenda...

AGENDA DEL JEFE DE ÁREA

Eric Wolfe está moderando una reunión de los jefes de área regionales de Diamond Glass. Los jefes de área acaban de llegar. Les da la bienvenida.

Eric Wolfe:	¡Hola! Adelante.
Mr Smith:	Hola, Eric. ¿Qué agradable volver a verte!
Ms Jones:	Hola a todos.
Mrs Peters:	¡Hola!
Eric Wolfe:	Bien, qué bien volver a veros a todos. ¿Empezamos con las presentaciones?
Mr Smith:	Hola, soy John y soy el jefe de área de Gales.
Ms Jones:	Hola, soy Judith, la jefe de área de Escocia.
Mrs Peters:	Soy Sylvia y soy la jefe de área de la zona sur.
Eric Wolfe:	...Y yo soy Eric Wolfe, jefe de ára de la zona norte y moderador de la reunión de hoy. **En primer lugar,** y antes que nada: ¿a alguien le apetece una taza de té y unas galletas?
Judith:	¡Pensaba que no ibas a preguntarlo nunca!
Sylvia:	¡Qué inglesa eres, Judith! Un café para mí, por favor.
John:	Té, por favor. Galletas no, estoy a dieta –no lo tengo permitido.
Sylvia:	Ay, pobre. Me tomaré las tuyas, ¿de acuerdo?
Eric:	Bueno, si todos están a gusto, podemos dar paso al **orden del día.** Así que, en primer lugar, tenemos que aprobar las actas del mes pasado. Después, los puntos a tratar. Depués tendremos una sesión de **lluvia de ideas** para atraer una **base de clientes más amplia.** Después tenemos que hablar sobre los planes de **traslado** de la oficina de Birmingham. He **permitido media hora para tratar este asunto** porque pienso que hay mucho de lo que hablar. Después comemos a la una. ¿Qué os parece? ¿Hay algo que queráis añadir?
Sylvia:	Suena bien.
Judith:	Sí, **por mí bien.**
John:	Genial.
Eric:	Bien. Pues **pasemos al primer punto** de la orden del día...

 VOCABULARIO

Firstly	En primer lugar
Agenda	Orden del día
Brain-storming	Lluvia de ideas
Wider client base	Base de clientes más amplia
Relocation	Traslado
To allow time	Permitir tiempo
Fine with me	Por mí bien
Move to the first item	Pasar al primer punto

 GROUND RULES

Tim Smith is chairing a meeting at Diamond Glass. The meeting has reached item 4 on the agenda –the future of an unprofitable branch.

Derek Jones:	**... So I propose that** we close the South West office and **merge** it with the South Eastern Branch.
Sylvia DelaCroix:	**I'm sorry, I simply don't agree...**
Brian Edwards:	Me neither –that's a crazy idea because...
Derek Jones:	(Interrupting) You two are more worried about your jobs...
Tim Smith:	**I'm sorry Derek but....**
Sylvia DelaCroix:	(Interrupting) How dare you!
Tim Smith:	Sylvia!
Brian Jones:	**In my opinion you've** been trying to close us down for months...
Tim Smith:	BRIAN! RIGHT! **I'm calling this meeting to order! I understand this is something** you all feel

strongly about, BUT if you remember the **ground-rules** you **speak through the chair** –that's me. You do <u>not</u> **interrupt** each other and you stay **calm.**I suggest we go round the table. If you need **to add** something **raise your hand.** So, Derek, had you finished your point?

Derek Jones:	Yes
Tim Smith:	Right, Sylvia next
Sylvia DelaCroix:	**I understand what you're saying** Derek, **but** I'm afraid I simply don't agree. If you look at thc figures on page 2, they show an increase in market-share.

(Brian Jones raises his hand)

Tim Smith:	OK, Brian. **Your point?**...

NORMA DE PROCEDIMIENTO

Tim Smith está moderando una reunión en Diamond Glass. Han alcanzado el punto 4 de la orden del día –el futuro de una sucursal no rentable.

Derek Jones:	... Así que **propongo** que cerremos la sucursal del suroeste y la **fusionemos** a la del sureste.
Sylvia DelaCroix:	**Lo siento, no estoy de acuerdo...**
Brian Edwards:	Ni yo –es una idea de locos, porque...
Derek Jones:	(Interrumpiendo) Vosotros dos estáis más preocupados por vuestros puestos de trabajos que...
Tim Smith:	**Lo siento, Derek, pero...**
Sylvia DelaCroix:	(Interrumpiendo) ¡Cómo te atreves!
Tim Smith:	Sylvia!
Brian Jones:	**En mi opinión** lleváis meses intentado cerrar nuestra oficina...

Tim Smith: ¡BRIAN! ¡BIEN! ¡Pido orden en la mesa! Entiendo que esto es algo que os afecta, PERO si recordáis las **normas de procedimiento** se **habla a través del moderador** –que soy yo–. No se **interrumpe** y se mantiene **la calma**. Sugiero que hagamos una ronda de palabra. Si queréis **añadir** algo **levantad la mano.** Así que, Derek, ¿había acabado de hablar?

Derek Jones: Sí.

Tim Smith: Bien, Sylvia

Sylvia DelaCroix: **Comprendo lo que dices,** Derek, **pero** me temo que sencillamente no estoy de acuerdo. Si miramos las cifras de la página 2, muestran un aumento de participaciones en el mercado.

(Brian Jones levanta la mano)

Tim Smith: Vale, Brian. **¿Tu argumento?**...

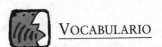 VOCABULARIO

To chair	Moderar
The chair	Moderador
Unprofitable	No rentable
To propose	Proponer
Merge	Fusionar
Ground rules	Normas de procedimiento
To speak through the chair	Hablar a través del moderador
To interrupt	Interrumpir
Calm	Calma

To add something	Añadir algo
Raise your hand	Levantar la mano
Your point	Tu opinión

 ## MOTIVATION AND DIPLOMACY

Things have not been going well in the South West office of Diamond Glass. Sylvia DelaCroix is having a meeting with the workers to try and motivate them.

Dave Samson: Why are the management considering this merger?

Sylvia DelaCroix: Profits for the last quarter were down. **Maybe this could be improved by** reducing our **overheads.** Olga, How is the Bateman Project going?

Olga Weiss: **I think we are slightly behind schedule** at the moment. **But** we'll soon be **back on track.**

Sylvia DelaCroix: Right, **we need to speed up** production and...

MOTIVACIÓN Y DIPLOMACIA

Las cosas no han ido muy bien en la sucursal del suroeste de Diamond Glass. Sylvia DelaCroix tiene una reunión con los empleados para tratar de motivarles.

Dave Samson: ¿Por qué el cuerpo directivo se está planteando esta fusión?

Sylvia DelaCroix: Los beneficios del último trimestre se han reducido. **Puede que esto se mejore** si reducimos nuestros **gastos generales.** Olga, ¿cómo va el Proyecto Bateman?

| Olga Weiss: | Creo que vamos **ligeramente retrasados** en estos momentos. **Pero** pronto **nos recuperaremos.** |
| Sylvia DelaCroix: | Bien, **tenemos que agilizar** la producción, y... |

GRAMÁTICA

– Trate de evitar el uso de lenguaje directo o muy crítico.

– Utilice los verbos modales **would, could** o **may.**

– Mantenga el lenguaje lo más **positivo posible.** Evite el uso de los **negativos:**

Maybe this could be improved by...
Puede que esto se mejore con...

en lugar de...

It was terrible
Fue terrible

– Utilice «**palabras suavizantes**», como:

We need to speed up production
Tenemos que agilizar la producción

en lugar de...

You are working too slowly.
Trabajan muy despacio.

– Tome nota del uso de «**WE**» para incluir a la persona que habla en la acción.

Grammar: modal verbs -*would, could and may.*

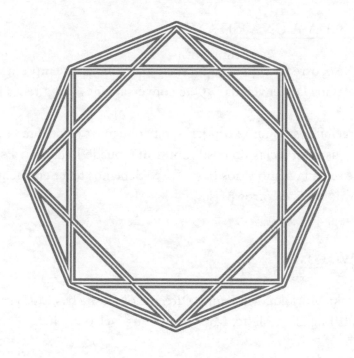

7. SOCIAL EVENTS

WELCOMING A VISITOR

What happens when a business partner arrives with an appointment to visit your company? How do we welcome them? What conversations will take place?

When we receive foreign visitors, it is important to take into account cultural diversity and the differences in customs that may exist. In Spain it is normal to shake hands or give two kisses, but we must be aware of and respect the customs of other countries.

BIENVENIDA A UN VISITANTE

¿Qué ocurre cuando llega un socio para visitar su empresa? ¿Cómo le damos la bienvenida? ¿Qué conversaciones van a tener lugar?

Cuando recibimos visitas extranjeras, hay que tener en cuenta la diversidad cultural y las diferencias de costumbres que puede haber. En España normalmente se da la mano y dos besos, pero debemos tener en cuenta y respetar las costumbres de otros países.

 WELCOME!

Miss Haruki Morioka, Managing Director of Cosmetics Ltd, visits the premises of its English affiliate. Mr Robert Carr welcomes her.

Robert Carr	Good morning Miss. Morioka. **Welcome to Cosmetics Britain.**
Haruki Morioka	Good morning, Mr Carr. Thank you.
Robert Carr	**Would you like a drink?** Tea?
Haruki Morioka	A coffee would be nice, thank you.
Robert Carr	**Did you have a good journey?**
Haruki Morioka	Yes, it went quickly.
Robert Carr	**Do you know London?**
Haruki Morioka	Yes, I have been here before, but quite some years ago. I'm keen to visit the National Gallery.
Robert Carr	We've arranged a visit of the city for this Thursday.
Haruki Morioka	Wonderful. Thank you very much.
Robert Carr	If you would like to come through to the conference room, I'll introduce you to the board of directors.
Haruki Morioka	Fine.

¡Bienvenida!

La señorita Haruki Morioka, directora general de Cosmetics Ltd, visita las instalaciones de su filial inglesa. El señor Robert Carr le da la bienvenida.

Robert Carr	Buenos días, Srta. Morioka. **Bienvenida a Cosmetics Britain.**
Haruki Morioka	Buenos días, Mr Carr. Gracias.
Robert Carr	**¿Quiere tomar algo? ¿Un té?**
Haruki Morioka	Un café, por favor... Gracias.
Robert Carr	**¿Ha tenido un agradable viaje?**
Haruki Morioka	Sí, se me ha hecho corto.
Robert Carr	**¿Conoce Londres?**
Haruki Morioka	Sí, había estado más veces, pero hace algunos años. Tengo ganas de visitar la National Gallery.
Robert Carr	Este jueves hemos programado una visita por la ciudad.
Haruki Morioka	Maravilloso. Muchas gracias.
Robert Carr	Pase a la sala de conferencias, si es tan amable. Me gustaría presentarle al cuerpo directivo.
Haruki Morioka	De acuerdo.

 Vocabulario

Welcome to... My name's...	Bienvenido a... Me llamo...
Pleased to meet you	Encantado/a
This is...	Este es...
I would like to introduce you to...	Me gustaría presentarle a...
How was your trip?	¿Cómo ha ido el viaje?
Did you have a good flight?	¿Ha tenido un agradable vuelo?

How long are you staying in London?	¿Cuánto tiempo va a quedarse en Londres?
Is your hotel comfortable?	¿Es cómodo su hotel?
I hope you enjoy your stay	Espero que disfrute de su estancia
Can I get you anything?	¿Puedo traerle cualquier cosa?
Would you like a drink?	¿Desea tomar algo?
Sorry I'm a little late	Siento llegar un poco tarde
My plane was delayed	Se retrasó mi vuelo
Could you book me a hotel?	¿Podría reservarme un hotel?
Could I use your phone, please?	¿Podría usar su teléfono, por favor?
How are things in Barcelona?	¿Cómo van las cosas por Barcelona?
Have you been here before?	¿Ha estado aquí antes?

TAKE NOTE!

La comunicación a través de las culturas

Es importante conocer las diferencias culturales de nuestro visitante.

- What is a comfortable distance when talking to people?
- Is there physical contact?
- How long do people make eye contact for?
- How is people's body language different?
- When greeting or saying goodbye, do people shake hands or kiss?
- Is a prolonged silence uncomfortable?
- Is it rude to interrupt when someone is talking?

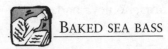 BAKED SEA BASS

We have an important business dinner. Above all, the atmosphere will be relaxed. How do we order food? How do we ask for the bill? If we have to complain about the service, how do we do so?

Mr Jones and Mrs Dee are in a restaurant.

Waiter	Good evening. **Have you decided what you would like?**
Mrs Dee	Yes, **I'll have** the vegetable risotto, please. It doesn't have any meat in it at all does it?
Waiter	No, it's vegetarian. And you, sir?
Mr Jones	The baked Sea Bass for me.
Camarero	**Excellent choice. And to drink?**
Mr Jones	Bring us a bottle of white wine, please.
Waiter	**Might I suggest** our best Rueda?
Mr Jones	Yes, we'll have the Rueda.
Waiter	**What would you like for dessert?**
Mrs Dee	The apple pie for me please.
Mr Jones	I would like the ice cream.
Waiter	Very good. I'll bring it right away.
Mr Jones	Thank you.

LUBINA AL HORNO

Tenemos una importante cena de negocios. A pesar de todo, el aire será distendido. ¿Cómo pedimos la comida? ¿Cómo pedimos la cuenta? Y si tenemos que quejarnos por el servicio, ¿cómo lo haremos?

Mr Jones y Mrs Dee están en un restaurante.

Camarero	Buenas noches. **¿Han decidido lo que van a tomar?**

Mrs Dee   Sí. Yo tomaré el risotto de verduras, no lleva nada de carne, verdad?

Camarero   No, es vegetariano. ¿Y usted, señor?

Mr Jones   **Para mí** la lubina al horno.

Camarero   **Excelente decisión. ¿Y para beber?**

Mr Jones   Pónganos una botella de vino blanco, por favor.

Camarero   **¿Puedo sugerir nuestro mejor Rueda?**

Mr Jones   Sí, tomaremos un Rueda.

Camarero   **¿Qué desean de postre?**

Mrs Dee   Para mí la tarta de manzana.

Mr Jones   Yo quiero la copa helada.

Camarero   Muy bien. Enseguida lo traigo.

Mr Jones   Gracias.

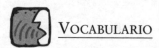 VOCABULARIO

Have you decided what you would like?	¿Han decidido lo que van a tomar?
Yes, I'll have...	Sí, yo tomaré...
Excellent choice.	Excelente decisión
And to drink?	¿Y para beber?
Might I suggest...	¿Puedo sugerir...?
What would you like for dessert?	¿Qué desean de postre?

 THE BILL, PLEASE

Once the dinner is over, Mr Jones asks the waiter for the bill.

Mr Jones	Excuse me...
Waiter	Yes, **would you like anything else?**
Mr Jones	Two white coffees please.
Waiter	**Right away. Was everything to your satisfaction?**
Mr Jones	Yes, thank you very much. **Could you bring the bill please?**
Waiter	Right away.
Mr Jones	**Can I pay by credit card?**
Waiter	Of course.
Mr Jones	Great, thank you.

LA CUENTA, POR FAVOR

Una vez acabada la cena, Mr Jones pide la cuenta al camarero.

Mr Jones	Disculpe...
Camarero	Dígame. **¿Van a desear algo más?**
Mr Jones	Dos cafés con leche, por favor.
Camarero	**Ahora mismo. ¿Ha sido todo de su agrado?**
Mr Jones	Sí, muchas gracias. **¿Me trae la cuenta, por favor?**
Camarero	Enseguida.
Mr Jones	**¿Puedo pagar con tarjeta?**
Camarero	Por supuesto.
Mr Jones	De acuerdo, gracias.

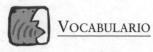

VOCABULARIO

Would you like anything else?	¿Van a desear algo más?
Right away.	Ahora mismo.
Has everything been satisfactory?	¿Ha sido todo de su agrado?
Could you bring the bill please?	¿Me trae la cuenta, por favor?
Can I pay by credit card?	¿Puedo pagar con tarjeta?

COMPLAINTS BOOK

Mr White asks for the complaints book in a restaurant where he dined the previous evening with some clients. He is dealt with by the manager.

Manager	Hello. **How can I be of help?**
Mr White	Good morning. **I'd like to make a complaint.**
Manager	**What seems to be the problem?**
Mr White	I had a business lunch here last night with four clients. I was most disappointed. I expected much better service.
Manager	**I'm very sorry.** What was the nature of the problem?
Mr White	When one of my guests arrived at the restaurant, the waiter put him at the wrong table. Later, the same waiter spilt some wine on the shirt of another of my guests and, **to top it all off,** at the end of the dinner, he gave the bill to one of my guests.
Manager	I'm terribly sorry. We have had some staff problems and we have just hired a new waiter who doesn't have much experience.
Mr White	I expected a more professional service in a restaurant of this standard.

Manager	**I do apologise, sir.** I assure you that **it won't happen again.**
Mr White	I hope so.
Manager	Please, accept this invitation for dinner for two here.

EL LIBRO DE RECLAMACIONES

Mr White pide el libro de reclamaciones en el restaurante donde cenó la noche anterior con clientes de trabajo. Le atiende el gerente.

Gerente	Buenos días. **¿En qué puedo ayudarle?**
Mr White	Buenos días. **Quisiera presentar una reclamación.**
Gerente	**¿Hay algún problema?**
Mr White	Anoche tuve aquí una cena de negocios con cuatro clientes. Esperaba recibir el mejor servicio, y sin embargo quedé muy descontento.
Gerente	**Lo siento mucho.** ¿De qué se trata?
Mr White	Cuando una de mis invitadas llegó al restaurante, el camarero la sentó en la mesa equivocada. Después, el mismo camarero derramó unas gotas de vino en la camisa de otro de mis invitados y, **para colmo,** al final de la cena le entregó la cuenta a uno de mis invitados.
Gerente	Lo siento muchísimo. Estamos teniendo problemas con el personal y acabamos de contratar a un camarero nuevo que no tiene mucha experiencia.
Mr White	Esperaba un servicio más profesional de un restaurante de esta categoría.
Gerente	**Lo siento muchísimo, señor.** Le aseguro que **no volverá a pasar.**
Mr White	Eso espero.
Gerente	Por favor, quisiera que aceptara esta invitación para cenar para dos personas.

 VOCABULARIO

How can I be of help?	¿En qué puedo ayudarle?
I'd like to make a complaint	Quisiera presentar una reclamación
What seems to be the problem?	¿Cuál es el problema?
I'm very sorry	Lo siento mucho
... to top it all off...	... para colmo...
I do apologise, sir	Lo siento muchísimo, señor
It won't happen again	No volverá a pasar

 FLAMENCO NIGHT

Sometimes, inviting a business associate to a social event is a must. A visit to town, a business meal or taking them to a show can help strengthen the business relationship.

Mr Rodríguez invites Mr Robinson to a Flamenco Night in the Albayzin. Mr Robinson is delighted with the idea.

Mr Rodríguez: I don't know if you have any plans, but theres a very good Flamenco Night on tonight at *El Niño de los Almendros*. **I wondered if you'd like to come.**

Mr Robinson: That sounds wonderful. Where is it?

Mr Rodríguez: It's in the Albayzin –a very interesting part of Town. **We could have dinner first maybe? Do you like traditional Spanish cooking?**

Mr Robinson:	I'd love to try it! Where shall we meet?
Mr Rodríguez:	I'll come and pick you up from your hotel at nine, if that's not too late?
Mr Robinson:	Could we meet at seven? I know you normally eat later here but I'm still on English time!
Mr Rodríguez:	That's no problem! I totally understand. **I'll pick you up at seven.** It's room 207 Royal Hotel, isn't it?
Mr Robinson:	That's right.
Mr Rodríguez:	**I'll see you at seven.**
Mr Robinson:	Great, I'll see you then!

NOCHE FLAMENCA

A veces, invitar a un asociado a un evento social es un deber. Enseñarle nuestra ciudad, invitarle a una comida de negocios o llevarle a un espectáculo puede ayudar a estrechar relaciones.

Mr Rodríguez invita a Mr Robinson a una Noche Flamenca en el Albayzin. Mr Robinson está encantado con la idea.

Mr Rodríguez:	No sé si tendrá algún plan, pero hay una Noche Flamenca muy buena esta noche en *El Niño de los Almendros*. **Me preguntaba si le gustaría venir.**
Mr Robinson:	Suena estupendo. ¿Dónde es?
Mr Rodríguez:	En el Albayzin, una parte de la ciudad muy interesante. **Podríamos cenar antes, si le parece. ¿Le gusta la cocina tradicional española?**
Mr Robinson:	¡Me encantará probarla! ¿Dónde quedamos?
Mr Rodríguez:	Pasaré a recogerle al hotel a las nueve, si no es muy tarde...
Mr Robinson:	¿Podría ser a las siete? Sé que aquí normalmente cenan más tarde, ¡pero sigo con el horario británico!

Mr Rodríguez:	¡No hay problema! Lo comprendo. **Le pasaré a recoger a las siete.** Es la habitación 207 del Royal Hotel, ¿verdad?
Mr Robinson:	Eso es.
Mr Rodríguez:	**Nos vemos a las siete.**
Mr Robinson:	Estupendo, ¡hasta entonces!

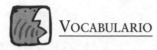 ## VOCABULARIO

I wondered if you'd like to come	Me preguntaba si le gustaría venir
We could have dinner first maybe?	Podríamos cenar antes, si le parece
Do you like traditional Spanish cooking?	¿Le gusta la cocina tradicional española?
I'll pick you up at...	Le pasaré a recoger a las...
I'll see you at...	Nos vemos a las...

 ## SEMI-FORMAL BUSINESS MEETING

Mrs More would like to invite Mr Beckett for lunch.

Mrs More	**Have you tried the local cooking?**
Mr Beckett	No, I haven't, but I've heard it's very good.
Mrs More	Yes, it certainly is. I strongly recommend the hare casserole.
Mr Beckett	**Oh, yes, that sounds really nice.**
Mrs More	Do you like game?
Mr Beckett	**I love it.**
Mrs More	I know a restaurant specialised in game near the office. **Would you like to come for lunch?**

Mr Beckett	**It will be a pleasure, thank you.**
Mrs More	I could meet you at the hotel.
Mr Beckett	Fine. **At what time?**
Mrs More	**Is half past twelve all right?**
Mr Beckett	Yes, twelve thirty is fine.

REUNIÓN DE NEGOCIOS SEMI-FORMAL

Mrs More quiere invitar a comer a Mr Beckett.

Mrs More	**¿Ha probado la cocina local?**
Mr Beckett	No, no la he probado, pero he oído que es muy buena.
Mrs More	Sí, sí que lo es. Recomiendo encarecidamente la liebre guisada.
Mr Beckett	**Uy, sí, suena muy bien.**
Mrs More	¿Le gusta la carne de caza?
Mr Beckett	**Me encanta.**
Mrs More	Conozco un restaurante cerca de la oficina cuya especialidad es la caza. **¿Le gustaría comer allí?**
Mr Beckett	**Será un placer, gracias.**
Mrs More	Puedo recogerle en el hotel.
Mr Beckett	De acuerdo. **¿A qué hora?**
Mrs More	**¿Le viene bien a las doce y media?**
Mr Beckett	Sí, a las doce y media me viene bien.

 VOCABULARIO

Have you tried the local cooking?	¿Ha probado la cocina local?
Oh, yes, that sounds really nice	Uy, sí, suena muy bien
I love it	Me encanta
Would you like to come for lunch?	¿Le gustaría comer allí?
It will be a pleasure, thank you	Será un placer, gracias
At what time?	¿A qué hora?
Is half past twelve all right?	¿Le viene bien a las doce y media?

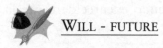 WILL - FUTURE

Se usa este tiempo verbal cuando tomamos decisiones y hacemos promesas u ofrecimientos **en el momento**. Se usa **will + infinitivo** sin «to».

> **I will help** you.   **I'll help** you.
> **You'll get a** good job   **You'll get** a good job
> **He/She/It will help** us a lot   **He/She/It'll help** us a lot
> **We will play again soon**   **We'll play again** soon
> **You will write** many books   **You'll write** more books
> **They will read** your book   **They'll read** your book

ORACIONES NEGATIVAS

Normalmente usamos la contracción en lugar de la forma completa **I will not finish** soon.

> **I won't finish** soon   **I'll not finish** soon
> **You won't get a** good job   **You'll not get** a good job

He/She/It **won't help** us a lot   He/She/It**'ll not help** us a lot

We **won't play again** soon   We**'ll not play again** soon

You **won't write** many books   You**'ll not write** more books

They **won't read** your book   They**'ll not read** your book

ORACIONES INTERROGATIVAS Y RESPUESTAS CORTAS

Se coloca **will** antes del sujeto:

Will I finish soon?

Will you help me?

Will he/she/it help me a lot?

Will we play again soon?

Will you write another book?

Will they be here on time?

Yes, **you will**	No, **you won't**
Yes, **I will**	No, **I won't**
Yes, **he/she/it will**	No, **he/she/it won't**
Yes, **you will**	No, **you won't**
Yes, **we will**	No, **we won't**
Yes, **they will**	No, **they won't**

 ## VOCABULARIO

Come to the flamenco tonight.	Venga a la noche flamenca.
Would you like to come to the flamenco tonight?	¿Le gustaría venir a la noche flamenca?
I don't know if you have any other plans, but would you like to come to the flamenco tonight ?	No sé si tiene otros planes, pero ¿le gustaría venir a un espectáculo de flamenco esta noche?

 ACEPTAR

That would be very nice	Eso estaría bien
I'd like that	Me gustaría
That would be a pleasure	Sería un placer
Could we meet at seven?	¿Podemos quedar a las siete?
I'd love to!	¡Me encantaría!
That would be great!	¡Eso sería maravilloso!

 RECHAZAR

I'm sorry, but I'm rather tired/busy	Lo siento, pero estoy bastante cansado/ocupado
I have an appointment this evening.	Tengo una cita esta tarde
I'd like to, but I'm afraid...	Me gustaría, pero me temo que...
That would be very nice, but unfortunately...	Eso estaría bien, pero por desgracia...
... I have an appointment this evening ... I'm rather tired ... I'm rather busy ... I have some work to do	... tengo una cita esta tarde ... estoy algo cansado ... estoy algo coupado ... tengo trabajo que hacer

 **PREFERENCIAS**

I like Japanese food very much	Me gusta mucho la comida japonesa
I'd like to...	Me gustaría...
I particularly like jazz music	Me gusta en especial la música jazz
I think I'd like to...	Creo que me apetece...
I think I'd prefer...	Creo que preferiría...
I particularly like...	Me gusta especialmente...

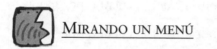 **MIRANDO UN MENÚ**

The fish looks nice	El pescado tiene buena pinta
I'd like to try the...	Me gustaría probar...
I think I'll have...	Creo que tomaré...
Shall we have a bottle of...?	¿Nos tomamos una botella de...?

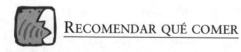 **RECOMENDAR QUÉ COMER**

I recommend the pork chops	Recomiendo las chuletas de cerdo
Try the fruit cake	Prueba la tarta de fruta

 PEDIR LA CENA

May I have the...	Podría tomar...
I'll have the...	Tomaré el...
The ... for me please	Para mí, el...

 PEDIR LA CUENTA

Could I have the bill, please? (UK)	¿Podría traer la cuenta, por favor?
Could I have the check, please? (US)	¿Podría traer la cuenta, por favor?
Could you bring me the bill, please?	¿Podría traer la cuenta, por favor?

 OFRECER PAGAR

I'll get the bill	Yo cogeré la cuenta
I'll cover this	Invito yo
This is on me	Esto lo pago yo
Don't worry, this is on my expenses.	No te preocupes, esto corre de mi cuenta

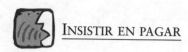 INSISTIR EN PAGAR

No really, I insist	No, de verdad, insisto
Please. Let me get this	Por favor, déjeme pagar
Please, allow me	Por favor, permítame

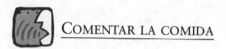 COMENTAR LA COMIDA

The rice was tasty	El arroz está sabroso
I really enjoyed the meat	Me ha gustado mucho la carne

 COMENTAR SOBRE LA VELADA

It's been a lovely evening, thank you	Ha sido una velada preciosa, gracias
It's been very nice	Ha sido muy agradable
Thank you very much for your hospitality	Muchas gracias por la hospitalidad
I enjoyed it very much	Lo he pasado muy bien

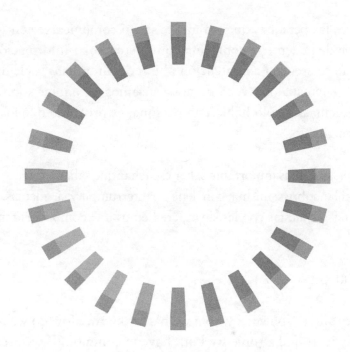

8. THE ART OF CONVERSATION

Very few people really know how to communicate fluently. Most people are content with merely exchanging information and don't listen attentively. This can lead to uncomfortable silences once they have grown tired of talking about themselves. Moreover, if it's only one person who speaks, everyone else is likely to be bored.

In order to have a conversation, it is much more important to know how to listen. People love to talk about themselves. it is polite not to interrupt. Linking what we say with what they have already talked about is a good way to build a strong rapport with that person.

Son pocas las personas que realmente saben comunicarse con soltura. La mayoría de la gente se conforma con intercambiar información, de manera que no se escucha con atención al interlocutor. Esto suele dar lugar a incómodos silencios una vez que nos cansamos de hablar sobre nosotros mismos. Además, si sólo habla una persona, es probable que los demás se acaben aburriendo.

Para conversar es más importante saber escuchar que saber hablar. A la gente le encanta hablar sobre sí misma: conviene no interrumpir y si, además, relacionamos nuestras respuestas con las suyas, crearemos una complicidad mágica.

 ## BREAKING THE ICE

We want to talk to someone whom we hardly know. How do we begin? The easiest way is to find a topic we both have in common. If we are in the office cafeteria, in a convention or at a party, we already have something in common with the people that surround us because we share the same situation. There is always something to talk about.

ROMPAMOS EL HIELO

Queremos conversar con alguien que apenas conocemos. ¿Cómo empezar? Lo más sencillo es buscar un tema que ambos tengamos en común. Si nos hallamos en la cafetería de la oficina, en una convención o en una fiesta, algo tendremos en común con las personas que nos rodean porque compartimos una misma situación. Siempre hay algo de lo que hablar.

 ## AN ITALIAN

Susan and Jane are at the PKO cafeteria, the company where they both work. They know each other by sight, but they have never spoken before. It is the coffee break.

Susan	Hi, I'm Susan. **You're in accounting, right?**
Jane	Yes. My name is Jane. I've only been here for three months. **Which department do you work in?**
Susan	In marketing. **Do you like working here?**
Jane	Yes, but it's a very large company. I used to work in a small office where the atmosphere was much more familiar and relaxed. Here, I hardly know anyone.
Susan	I know. It's quite normal here. In PKO we work hard, but we also have our moments of fun. **If you want,** this Saturday a few of us are meeting for dinner.
Jane	**Really? Great.** I'll be able to meet more people.
Susan	Yes, we usually gather every now and then to have dinner at Kate's sister's restaurant.
Jane	Kate in PR, right? Which restaurant is it?
Susan	An Italian close to the office: *Pasta al Pesto*.
Jane	Oh, I know. I lived in Florence for two years and have loved Italian food ever since. I think I know all the Italian restaurants in town.
Susan	Really? In Florence? It must be a beautiful city, **tell me more...**

UN ITALIANO

Susan y Jane se encuentran en la cafetería de PKO, la empresa donde trabajan. Se conocen de vista pero nunca han hablado. Es el descanso del café.

Susan	Hola, soy Susan. **Estás en contabilidad, ¿verdad?**
Jane	Sí. Me llamo Jane. Sólo llevo aquí tres meses. **¿En qué departamento trabajas?**
Susan	En marketing. **¿Te gusta trabajar aquí?**
Jane	Sí, es una empresa muy grande. Antes trabajaba en una oficina pequeña donde el ambiente era más familiar y distendido. Aquí, sin embargo, no conozco a casi nadie.

Susan	Ya veo. Aquí es lo normal. En PKO se trabaja duro, pero también tenemos nuestros momentos divertidos. **Si te apetece**, este sábado vamos a quedar unos cuantos para cenar.
Jane	**¿Sí? Genial.** Así podré conocer a más gente.
Susan	Sí, solemos quedar de vez en cuando para cenar en el restaurante de la hermana de Kate.
Jane	Kate es la de Relaciones Públicas, ¿no? ¿Qué restaurante es?
Susan	Un italiano que hay cerca de la oficina: *PastaalPesto*.
Jane	Ah, ya sé cuál. He vivido en Florencia dos años y desde entonces me encanta la comida italiana. Creo que conozco todos los restaurantes italianos de la ciudad.
Susan	¿En serio? ¿En Florencia? Debe ser una ciudad preciosa, **cuéntame más...**

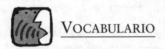 VOCABULARIO

You're in accounting, right?	Estás en contabilidad, ¿verdad?
Which department do you work in?	¿En qué departamento trabajas?
Do you like working here?	¿Te gusta trabajar aquí?
If you want	Si te apetece
Really?	¿Sí?
Great!	¡Genial!
Tell me more	Cuéntame más

 PHOTOCOPIES

Jill and Tom work in a large accountancy firm. They meet at the photocopier.

Jill	(Yawn) Are you going to be long?
Tom	No, I've only got these three to do. Tired?
Jane	It's been a long week.
Tom	Well, at least it's Friday afternoon.
Jane	Thank goodness! Have you got any plans?
Tom	I heard everybody's going to Kate's sister's restaurant on Saturday...
Jill	Are you going to go?
Tom	I might, do you fancy it?
Jill	Maybe. I might just stay in and do some DIY.
Tom	(Finishing copies) Right, that's me done. Have a good weekend.
Jill	Cheers! You too. Maybe see you on Saturday.

FOTOCOPIAS

Jill y Tom trabajan en una gran empresa de contabilidad. Se encuentran en la fotocopiadora.

Jill	(Bostezo) ¿Vas a tardar mucho?
Tom	No, sólo me quedan estas tres. ¿Cansada?
Jane	Ha sido una larga semana.
Tom	Bueno, al menos ya es viernes por la tarde.
Jane	¡Gracias a Dios! ¿Tienes algún plan?
Tom	He oído que todos van al restaurante de la hermana de Kate el sábado...
Jill	¿Vas a ir?
Tom	Puede que sí, ¿a ti te apetece?
Jill	Quizá. Puede que me quede en casa y haga algo de bricolaje.
Tom	(Acabando de fotocopiar) Bueno, yo ya he terminado. Buen fin de semana.
Jill	¡Gracias! Tú también. Puede que nos veamos el sábado.

TAKE NOTE!

Conversation tips

- Face your listener and look at them.
- Make eye contact often.
- Watch your listener's responses.
- Ask questions.
- Be an active listener.
- Do not interrupt.

Interjections

- Really?
- No!
- Is that so?
- I didn't know that.
- That's interesting.
- I see.
- And you?
- Mmmmm
- Uh huh

Consejos para conversar

- Mira a tu interlocutor de frente.
- Establece contacto visual.
- Observa las respuestas de tu interlocutor.
- Haz preguntas.
- Escucha activamente.
- No interrumpas.

Interjecciones

- ¿De verdad?
- ¿En serio?
- No lo sabía.
- Qué interesante.
- Ya veo.
- ¿Y tú?
- Ummmmm
- Ahá

TOPICS FOR SMALL TALK

They say an efficient businessperson keeps small talk to a minimum. However, it is very important to know how to talk about trival things. Talking about the weather and our families helps build a friendly relationship between collegues. It is the ideal way to avoid uncomfortable silences.

It is not a good idea to talk about things that are too personal. Good small talk sticks to trivial subjects which under no circumstances can cause offence.

HABLAR DE TRIVIALIDADES

Dicen que un hombre de negocios eficiente sabe cómo reducir la charla trivial al mínimo. Sin embargo, es muy práctico saber hablar de trivialidades: hablar del tiempo y de la familia ayuda a estrechar la relación entre desconocidos de una manera cordial. Es el recurso ideal para evitar silencios incómodos.

Conviene no entrar nunca en conversaciones demasiado personales. La charla debe limitarse a trivialidades generales que en ningún caso puedan llegar a herir sensibilidades.

APPOPRIATE TOPICS FOR CASUAL CONVERSATION

Weather	El tiempo
It's raining cats and dogs/pouring and I haven't got my umbrella	Están cayendo chuzos de punta y yo sin paraguas.
It's lovely/awful weather we're having at the moment	Qué buen tiempo hace/hace malísimo.
Does it usually snow at this time of year?	¿Suele nevar en esta época del año?
What's the weather like where you live?	¿Qué tiempo hace donde vives tú?
(On the phone) What's the weather like where you are?	(Al teléfono) ¿Qué tiempo hace por allí (donde estás ahora)?
I hear it's going to rain/snow/sleet/clear-up tomorrow	He oído que va a llover/nevar/caer aguanieve/despejarse mañana.
I hear it's going to be hot/cold tomorrow	He oído que mañana va a hacer calor/frío.
What's the forecast for tomorrow?	¿Qué tiempo se prevé para mañana?
Sports	**Deportes**
Do you enjoy watching football?	¿Te gusta ver el fútbol?
Did you see the game last night?	¿Viste el partido de anoche?
They didn't deserve to win/lose/draw.	No merecían ganar/perder/empatar.
Who do you support?	¿Con qué equipo vas?
I love playing golf. Don't you?	Me encanta jugar al golf. ¿A ti no?
I really love adrenalin sports as a way to let off steam. Do you practice any sports?	Me gustan mucho los deportes de riesgo, porque así descargo mucho estrés.
How do you keep fit?	¿Cómo te mantienes en forma?

Families	Familia
Do you have any children?	¿Tiene usted hijos?
I have two boys and a girl	Tengo dos hijos y una hija
I am divorced	Estoy divorciado
Are you married, Mr. Jones?	¿Está casado, Mr. Jones?
How is your wife/husband/partner?	¿Cómo está su esposa/marido/pareja?
Films	**Películas**
Have you seen...?	¿Has visto...?
I adore Kurosawa's films	Me encantan las películas de Kurosawa.
I have always adored film noir/horror films etc.	Siempre me ha gustado mucho el cine negro/TRAD
Do you watch a lot of films?	¿Ves muchas películas?
Books	**Libros**
Have you read any good books recently?	¿Has leído algún libro bueno últimamente?
Who is your favourite author?	¿Cuál es su autor favorito?
Have you read *The Art of War*?	¿Ha leído *El Arte de la Guerra*?
What type of books do you like?	¿Qué clase de libros te gustan?
Music	**Música**
What kind of music do you like?	¿Qué clase de música te gusta?
To me, Billie Holiday is one of the most extraordinary jazz vocalists of all times	En mi opinión, Billie Holiday es una de las vocalistas de jazz más extraordinarias de todos los tiempos
When I was young I was into heavy metal but now I'm older i prefer classical	Cuando era joven me gustaba el *heavy metal*, pero ahora prefiero la música clásica
I always fall asleep at the opera	Siempre me quedo dormida en la ópera

Leisure activities, interests and hobbies	Ocio, intereses y hobbies
What do you enjoy doing in your spare time?	¿Qué te gusta hacer en tu tiempo libre?
On Saturdays I go to pottery lessons	Los sábados voy a clase de cerámica.
I would love to try sky-diving. How about you?	Me encantaría probar la caída libre. ¿Y a ti?
Plans for the weekend and holidays	**Planes para el fin de semana y las vacaciones**
Have you got any plans for the weekend?	¿Tienes algún plan para el fin de semana?
This Saturday I am taking my wife to Cuenca.	Este sábado voy a llevar a mi mujer a Cuenca.
I always plan my holidays three months in advance.	Siempre planeo mis vacaciones con tres meses de antelación.
Where are you holidaying this year?	¿Dónde vas de vacaciones este año?
Work	**Trabajo**
How long have you worked here?	¿Cuánto tiempo has trabajado aquí?
We always have a beer in the pub near the office after work.	Casi siempre nos tomamos una caña en el bar que hay cerca de la oficina después de trabajar.
The executive manager invited us out to a meal to celebrate his success.	El director gerente nos invitó a cenar para celebrar su último éxito.

 TOPICS TO AVOID IN CASUAL CONVERSATION

Religion, politics, sex, age... are not appropriate topics for small talk. People do not like to share too much personal information in casual conversation.

TEMAS A EVITAR EN UNA CHARLA LIGERA

La religión, la política, el sexo, la edad... no son temas de conversación apropiados para una conversación informal. A la gente no le gusta compartir información demasiado personal en una charla ligera.

 ## POSSESIVES

Se utiliza 's para indicar la posesión de un objeto por una persona:

This is my father's car.
It is his brother's birthday tomorrow.

Se utiliza 's para indicar la posesión de un objeto por varias personas:

This is his parents' house.

También se utiliza 's para indicar la posesión de un plural irregular:

That is the men's changing room.
This is the women's changing room.
It is a children's playground.

ADJETIVOS POSESIVOS Y PRONOMBRES POSESIVOS

I'm the boss and this is **my** office.
You're the students and this is **your** classroom.
He's the secretary and this is **his** computer.
She's the manager and this is **her** Mercedes.
It's the guard dog and that is **its** kennel.
We're the staff and that is **our** smoking room.
They're the inspectors and this is **their** report.

TAKE NOTE!

Los adjetivos posesivos NO cambian con los sustantivos en plural.

Those are **theirs** reports. INCORRECT
Those are **their** reports. CORRECT

Los **pronombres posesivos** reemplazan los **adjetivos posesivos** y un sustantivo.
Por ejemplo:

It's **my** office   It's **mine**
It's **your** classroom   It's **yours**
It's **his** computer   It's **his**
It's **her** Mercedes   It's **hers**
It's **our** room   It's **ours**
It's **their** report   It's **theirs**

TAKE NOTE!

Diferencias entre inglés británico y estadounidense

películas:
films (UK)
movies (USA)

vacaciones:
holidays (UK)
vacations (USA)

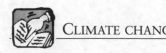 Climate change

Jill and Harry talk about the weather.

Jill: Isn't it a beautiful day?

Harry: Yes, lovely! It's **a shame,** I've got this big coat because the **weather report** said it was going to rain.

Jill: Weather report? Oh, you should never believe those!

Harry: I know. I never learn! It's **strange** though. Normally it's **pouring** at this time of year.

Jill: Yes, the weather's definitely **changing.** I remember when I was a child...

Cambio climático

Jill y Harry hablan del tiempo.

Jill: Hace un día precioso, ¿verdad?

Harry: Sí, ¡estupendo! Es un **lástima,** llevo este abrigo tan grande porque **el pronóstico del tiempo** decía que iba a llover.

Jill: ¿El pronóstico? ¡No te fíes de esos!

Harry: Ya. ¡Nunca aprendo! Aunque es **raro.** Normalmente caen **chuzos de punta** en esta época del año.

Jill: Sí, el clima está definitivamente **cambiando.** Recuerdo cuando era pequeña...

 Gramática

To play + deporte
Play rugby, tennis, cricket, etc
Juego al rugby, tenis, críquet, etc.

To go + otras actividades
I go running, surfing, skiing, climbing, etc.
Yo voy a correr, hacer surf, esquiar, escalar, etc.

Do you run/swim/ski?
Corres/nadas/esquías?

Sujeto + were + adjetivo
Manchester United were brilliant/awful - El Manchester United jugó genial/fatal/

Sujeto + played + adverbio
France played brilliantly/terribly - Francia jugó maravillosamente/fatal

I love + deporte
I love tennis/baseball/handball - Me encanta el tenis/béisbol/balonmano

I can't stand (watching) + sport
I can't stand snooker - No soporto el billar ruso
I can't stand watching cricket - No soporto ver un partido de críquet

FRASES ÚTILES...

Para dar una opinión

In my opinion...	En mi opinión...
To me, it seems that...	Me parece que...
I believe/feel...	Opino/creo que...
Yes. And...	Sí, y...

Para mostrar que estás de acuerdo

Absolutely/totally	Completamente/totalmente
I totally agree...	Totalmente de acuerdo...
I think you're right	Creo que estás en lo cierto
True...	Es verdad...
Yes...	Sí...
Uh huh	Ahá
Mmmmm	Ummmm
Oh, dear...	Vaya

Para mostrar desacuerdo

That's true, but...	Eso es verdad, pero...
Yes, but...	Sí, pero...
I'm afraid I don't agree, because...	Me temo que no estoy de acuerdo, porque...
I understand what you're saying, but...	Entiendo lo que quieres decir, pero...
I could see how you might think that, but...	Podría saber por qué piensas eso, pero...
That's simply not the case	Simplemente no es el caso/no se trata de eso
I'm afraid I don't agree	Me temo que no estoy de acuerdo

ADVERBS OF FREQUENCY

Cuando alguien hace una pregunta con «How often...» (¿con qué frecuencia...?), respondemos usando un adverbio de frecuencia:

How often do you walk to work?

El adverbio se coloca antes del verbo:

I **always** walk to work.
I **usually** walk to work.
I **often** walk to work.
I **sometimes** walk to work.
I **hardly ever** walk to work.
I **never** walk to work.

Colocamos el adverbio *después* del verbo **to be:**

How often are you late?
I'm **always** late.

TAKE NOTE!

Debemos usar un verbo positivo con «never» y «hardly ever»:

I **hardly ever** walk to work. CORRECT
I don't **hardly ever** walk to work. INCORRECT

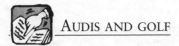 AUDIS AND GOLF

Mr Toshinori is in Granada for a two-day conference. Mr Rodríguez has invited him to a Flamenco Night at El Niño de los Almendros. He picks him up from his hotel at eight o'clock in his new Audi.

Mr Rodríguez:	Hello, Mr Toshinori.
Mr Tochinori:	Please –call me Michio.
Mr Rodríguez:	Of course –Hi Michio! My name is Ángel but I know it's quite difficult to pronounce.
Mr Tochinori:	...*Ánguel?*
Mr Rodríguez:	Perfect!
Mr Tochinori:	(Looking around him) Is this your company car? It's very comfortable.
Mr Rodríguez:	No, I'm afraid I had to buy it myself. My wife was furious!
Mr Toshinori:	(Smiling) Oh dear! Have you been married for long?
Mr Rodríguez:	Ten years next month. We have two beautiful daughters. And you?
Mr Toshinori:	Yes, I have a wife and one son. We're very happy. It's a shame they can't be here to see the flamenco show. Miki would love it.
Mr Rodríguez:	Micky is your son?
Mr Toshinori:	No, Miki is my wife. My son, Sai, would be much more interested in your car!
Mr Rodríguez:	Uh huh, my eldest daughter too. She loves cars. We spent all last weekend going round the road show in Cádiz.
Mr Toshinori:	Do you normally spend the weekends with your family?
Mr Rodríguez:	Maybe half. Sometimes I have to work, you know.

Mr Toshinori:	Mmmmm. Same here.
Mr Rodríguez:	... But I do enjoy my job a lot. And that leaves my other weekends free to indulge my other passion-golf.
Mr Toshinori:	Aha! Another golfer!
Mr Rodríguez:	Really? You too? Maybe we could get in a game at my club before you leave.

AUDIS Y GOLF

Mr Toshinori ha viajado a Granada para asistir a una conferencia de dos días. Mr Rodríguez le ha invitado a una Noche Flamenca en El Niño de los Almendros. Le pasa a recoger al hotel con su nuevo Audi.

Mr Rodríguez:	Hola, Mr Toshinori.
Mr Tochinori:	Por favor, llámeme Michio.
Mr Rodríguez:	Por supuesto –¡Hola Michio! Me llamo Ángel, pero sé que es bastante difícil de pronunciar.
Mr Tochinori:	... *Ánguel*?
Mr Rodríguez:	¡Perfecto!
Mr Tochinori:	(Mirando a su alrededor) ¿Este es su coche de empresa? Es muy cómodo.
Mr Rodríguez:	No, me temo que tuve que comprármelo yo mismo. ¡Mi esposa se puso furiosa!
Mr Toshinori:	(Sonriendo) ¡Vaya! ¿Lleva mucho tiempo casado?
Mr Rodríguez:	Diez años el mes que viene. Tenemos dos hijas preciosas. ¿Y usted?
Mr Toshinori:	Sí, tengo mujer y un hijo. Somos muy felices. Es una pena que no puedan estar aquí para ver el espectáculo flamenco. A Miki le encantaría.
Mr Rodríguez:	¿Miki es su hijo?
Mr Toshinori:	No, Miki es mi esposa. ¡Mi hijo, Sai, estaría más interesado en su coche!

Mr Rodríguez:	Ahá, mi hija mayor igual. Le encantan los coches. Estuvimos todo el fin de semana pasado en una exposición en Cádiz.
Mr Toshinori:	¿Suele pasar los fines de semana en familia?
Mr Rodríguez:	La mitad, quizá. A veces tengo que trabajar, sabe...
Mr Toshinori:	Ummmmm. Yo igual.
Mr Rodríguez:	... Pero me gusta mucho mi trabajo. Y me deja los otros fines de semana libres para satisfacer mi otra pasión: el golf.
Mr Toshinori:	¡Ahá! ¡Otro golfista!
Mr Rodrígucz:	¿De verdad? ¿Usted también? Quizá podamos echar un partido en el club antes de que se marche.

TAKE NOTE!

En inglés, como en otros idiomas, gran parte de la conversación casual está compuesta por sonidos, más que palabras. *«Uh huh»*, por ejemplo, se utiliza para indicar que se está de acuerdo, o animar a alguien a que siga hablando. Lo mismo ocurre con *«Mmmm»*, entonado de manera que suba hacia la mitad y baje hacia el final.

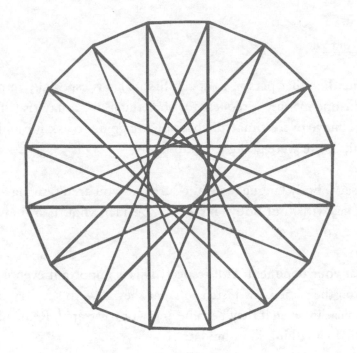

9. NEGOTIATING: GETTING WHAT YOU WANT

Life is about negotiation. Whether we're in the office and at home with our families it's all about give and take, and it's about finding a balance between what we want and the wishes of the other people we live and work with. A few basic negotiation skills can make life a lot easier.

La vida es pura negociación. Ya estemos en la oficina o en casa con nuestras familias, es un «toma y daca», y se trata de encontrar el equilibrio entre lo que queremos y los deseos de las personas con las que trabajamos y vivimos. Unas cuantas técnicas básicas de negociación puede llegar a facilitarnos mucho las cosas.

 RULES

Invite the other person to speak first. This is especially important if you are the one making a request for something like a **pay rise.** The other person may have **overestimated** what you are going to ask for and may offer more than you were going to ask for.

Observe body language. Make sure that you aren't giving any negative messages with your **body language.** Consider what their body language is telling you.

Treat your opponent with respect. This is important even if they don't treat you the same way. Listen to what they have to say. Try to remain calm and pleasant even if they become angry or frustrated. Remember some people will do anything **to intimidate** you.

Try to negotiate for at least 15 minutes. It is important that both **parties** have enough time to see the other person's **point of view.** Generally, the bigger or more serious the negotiation, the longer it will take to negotiate it. Setting a **time limit** is a good idea. **Approximately** 90% of negotiations **get settled** in the last 10% of the discussion.

Acknowledge what the other party says. Everyone likes to know that what they say is important. If the other party opens first, use it to your advantage. Repeat their ideas before you introduce your own better ideas.

REGLAS

Invite a la otra persona a que hable primero. Esto es especialmente importante si es usted quien solicita algo, como un **aumento de sueldo.** Puede que la otra persona haya **sobreestimado** lo que le va a pedir, y puede que le ofrezca más de lo que le iba a solicitar.

Observe el lenguaje corporal. Asegúrese de que no está transmitiendo mensajes negativos con el **lenguaje corporal.** Tenga en cuenta lo que su lenguaje corporal le está comunicando.

Trate a su oponente con respeto. Esto es muy importante, aunque ellos no le traten a usted del mismo modo. Escuche lo que tienen que decir. Trate de permanecer con calma y ser agradable aunque ellos se enfaden o frustren. Recuerde que algunas personas son capaces de hacer lo que sea para **intimidarle.**

Intente negociar al menos durante 15 minutos. Es importante que ambas **partes** dispongan del tiempo suficiente para comprender el **punto de vista** de la otra persona. Generalmente, cuanto más importante o seria sea una negociación, más tiempo se tardará en llegar a un acuerdo. Establecer un **límite de tiempo** es una buena idea. **Aproximadamente** el 90% de las negociaciones **se resuelven** en el último 10% de la discusión.

Reconozca lo que la otra parte dice. A todos les gusta saber que lo que dicen es importante. Si la otra parte empieza primero, aprovéchese. Repita las ideas que aportan ellos antes de introducir las suyas, que serán mejores.

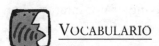 VOCABULARIO

Negotiation	Negociación
To negotiate	Negociar
Give and take	Toma y daca
Finding a balance	Encontrar un equilibrio
To invite	Invitar
Pay rise	Aumento de sueldo
To overestimate	Sobreestimar

To observe	Observar
Body language	Lenguaje corporal
To intimidate	Intimidar
Both parties	Ambas partes
To see someone's point of view	Comprender el punto de vista de otra persona
A time limit	Límite de tiempo
Approximately	Aproximadamente
To settle	Resolver, llegar a un acuerdo
Acknowledge	Reconocer

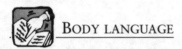 BODY LANGUAGE

What could the other person be communicating?

- **Avoiding eye contact** could mean they are lying or not interested or not telling the whole truth.
- **Serious eye contact** could mean they're trying to intimidate or showing anger.
- **Touching the face or fidgeting** could mean nervousness, lack of confidence or submission.
- **Nodding** could mean agreeing or willingness to compromise.
- **Shaking the head or turning away** could mean frustration, disbelief or disagreement.

<u>Lenguaje corporal</u>

¿Qué nos podría estar comunicando la otra persona?

- **Evitar el contacto visual** podría significar que mienten o no les interesa o no están diciendo toda la verdad.
- **Un contacto visual serio** podría significar que están intentando intimidarnos o que muestran su enfado.
- **Tocarse la cara o moverse nerviosamente** podría significar nerviosismo, falta de confianza o sumisión.
- **Asentir con la cabeza** podría significar estar de acuerdo o voluntad a comprometerse.
- **Sacudir la cabeza o dar la espalda** podría significar frustración, incredulidad o desacuerdo.

 Pay rise

Christine runs a hairdresser's «A Cut Above». Rosana has been working for the company for four years and is now the most senior member of staff. She has only had one pay rise in the time she has been there and feels undervalued. Christine has just had a very expensive year and knows that Rosana cannot afford to leave her job. She also knows that Rosana is doing a lot more work than the other stylists. They meet at lunch-time in the office.

Christine:	Right, let's get started. I've got a lot of work to do.
Rosana:	Great. Is there anything you'd like to say first?
Christine:	No.
Rosana:	Right, well, first of all I want you to know that I am fully aware of the **challenges** this business **has faced** over the past year. I understand that the repairs to the building cost you a lot of money. However, I think you realise that I am **unsatisfied** with my current salary. I've been here for four years and there have been three other years that were extremely **profitable**. This

	business has **expanded** but I'm only making a pound an hour more than I was the day I started.
Christine:	You're lucky to have a job nowadays.
Rosana:	Yes, and I'm very grateful for this job. It means a lot to me to work for a **reputable** company like this, which is why I have remained **loyal** to you **despite** my wages.
Christine:	You haven't had much choice really, Rosana. There are no jobs out there.
Rosana:	Well as a matter of fact, there are a few companies looking for people right now in our area. These are not all **necessarily** companies that I would want to work for. But I **took the liberty** of calling a few other local companies to find out what **salary** they are offering Senior Stylists.
Christine:	You're not a Senior Stylist though, just a hairdresser like everybody else.
Rosana:	Yes, that's true. I wanted to talk to you about that. Besides **deserving** a higher salary, I also think that I deserve a new job title. You and I both know that I do the job of a Senior Stylist. I **train** all the new stylists.
Christine:	You don't have the **responsibility**. It's a lot of work being a Senior Stylist
Rosana:	Exactly. That's why I come in before everyone in the mornings and leave later in the evening. I **designate** jobs to all the **Juniors** and show them what to do if necessary. I also manage our **stock** and call our **suppliers** when we're running out of things. These are the duties of a Senior Stylist, aren't they?
Christine:	I suppose so. But a Senior Stylist would also deal with **promotion** and **customer complaints**. You always **pass those things on to me.**
Rosana:	Yes, I totally agree. But, I would be **willing** to take on these extra responsibilities, if you offer me a Senior Stylist position at a rate of £12 an hour.

AUMENTO DE SUELDO

Christine dirige la peluquería «A Cut Above». Rosana lleva trabajando en la empresa cuatro años y es en la actualidad el miembro de personal de mayor antigüedad. Sólo ha tenido un aumento de sueldo en los cuatro años que lleva trabajando allí y se siente infravalorada. Christine acaba de cerrar un año con muchos gastos y sabe que Rosana no puede permitirse dejar el trabajo. También sabe que Rosana está cargando con mucho más trabajo que los demás estilistas. Se reúnen en el descanso de la comida en la oficina.

Christine:	Bueno, vamos a empezar. Tengo mucho trabajo que hacer.
Rosana:	Bien. ¿Hay algo que quiera decir antes de empezar?
Christine:	No.
Rosana:	Bueno, pues en primer lugar, quiero que sepa que soy plenamente consciente de los **retos** a los que se ha **enfrentado** la empresa estos últimos años. Comprendo que las obras de reparación del edificio le han supuesto mucho dinero. Sin embargo, creo que es consciente de que estoy **insatisfecha** con mi salario actual. Llevo aquí cuatro años y ha habido otros tres años que han sido tremendamente **rentables**. Este negocio se ha **expandido** pero yo sólo estoy ganando una libra más la hora de lo que ganaba cuando empecé el primer día.
Christine:	Tienes suerte de tener trabajo hoy en día.
Rosana:	Sí y agradezco mucho este puesto de trabajo. Para mí significa mucho trabajar para una empresa **acreditada** como esta, y es por eso que le he sido siempre **fiel, a pesar de** mi sueldo.
Christine:	No has tenido más opción, la verdad, Rosana. Ahí fuera no hay más trabajo.
Rosana:	Bueno, de hecho, hay algunas empresas que están buscando a gente en estos momentos en esta zona. No son todas **necesariamente** empresas para las que me

gustaría trabajar. Pero me he **tomado la libertad** de llamar a algunas empresas locales para averiguar qué **salarios** ofrecían a los oficiales de peluquería.

Christine: Pero tú no eres una oficial de peluquería, sino una peluquera corriente, como todos los demás.

Rosana: Sí, eso es verdad. Quería hablar sobre eso con usted. Además de **merecer** un salario mayor, también creo que merezco un nuevo cargo. Las dos sabemos que hago el trabajo de una oficial de peluquería. Yo **formo** a los nuevos peluqueros.

Christine: Pero no tienes el cargo de **responsabilidad**. Supone mucho trabajo ser un oficial.

Rosana: Exacto. Por eso entro a trabajar antes que los demás por la mañana y me marcho la última por las tardes. Yo **designo** las tareas a todos los **subalternos** y les muestro qué hacer en caso necesario. También gestiono las **existencias** y llamo a los **proveedores** cuando se nos agotan las cosas. Estas tareas son propias de un oficial, ¿no es así?

Christine: Supongo. Pero un oficial de peluquería también se ocupa de la **promoción** y **las reclamaciones de los clientes**. Siempre **me pasas a mí** esas cosas.

Rosana: Sí, estoy totalmente de acuerdo. Pero estoy **dispuesta** a hacerme cargo de estas responsabilidades si me ofrece un cargo como oficial de peluquería a £12 la hora.

VOCABULARIO

Undervalued	Infravalorado
Challenge	Reto
To face (challenges)	Enfrentarse (a retos)
Repairs	Reparaciones
Unsatisfied	Insatisfecho
Current	Actual
Salary	Salario
Nowadays	A día de hoy
Means a lot to me	Significa mucho para mí
Reputable	Acreditado, serio, con reputación
To look for people	Buscar a gente
To take the liberty	Tomarse la libertad
To deserve	Merecer
To designate	Designar, indicar
Juniors	Subalternos, de menor rango
Stock	Existencias
Suppliers	Proveedores
To run out of	Agotarse
Duties	Tareas
Promotion	Promoción
Customer complaints	Reclamaciones de los clientes
To pass things on	Pasar las cosas
Willing	Dispuesto

 VOCABULARIO

Language for agreement

- I (totally) agree.
- So what you're saying is...?
- I agree with you on that point/there.
- I think we can both agree that...
- That's a fair suggestion/that's fair enough.
- In other words, you feel that...?
- Yes, that's true.
- You have a strong point there.
- Exactly.

Language for disagreeing

- I'm sorry, but...
- I'm afraid I disagree, because.
- I understand where you're coming from; however/but...
- The way I look at it...
- I'm prepared to *compromise*, but...
- The way I see things...
- If you look at it from my point of view...
- That's not exactly how I look at it.
- From my *perspective*/point of view...

 GRAMÁTICA

Modal verbs

Los verbos **can, could, may, might, will, would, should,** y **must,** se colocan antes de los infinitivos (sin «to») para indicar en grado de seguridad u obligación de las acciones que se llevan a cabo.

Los verbos modales no llevan «s» en la tercera persona del singular.
He **should** go on holidays.
Certeza total: must, mustn't, will, won't, can, can't.
Posibilidad: should, shouldn't, may, may not.
Poca probabilidad: might, might not, could, couldn't.
Condicionalidad o posibilidad: would, wouldn't, could, couldn't.
Obligación fuerte: must.
Prohibición: must not, can't.
Sugerencia o recomendación: should, might, may.
Voluntad, insistencia y ofrecimientos: will, would.
Permiso: can, may, might.
Habilidad: can, be able to.

 ## Reaching an agreement

Even if you treat your negotiating opponent with respect and honesty you must not expect to be treated in the same way. Be prepared to stand your ground firmly in the last few minutes of the negotiations. Remember this is when most conflicts are generally resolved. This is the time when your opponent may resort to last minutes tactics in the hope that you will give up or settle for less.

En busca de un acuerdo

Aunque trate a su oponente con respeto y sinceridad, no puede esperar que le traten del mismo modo. Esté preparado a mantenerse en sus trece firmemente en los últimos minutos de la negociación. Recuerde que es el momento en que la mayoría de los conflictos se resuelven. Este es el momento en que su oponente recurrirá a tácticas de último momento en la esperanza de que se vaya a rendir o a conformar con menos.

 ## Closing the deal

Christine tries some last minute tactics to get out of the discussion and Rosana closes the deal...

Christine:	I'm sorry; I really don't have time for this. I guess we'll have to **sort this out** another day.
Rosana:	Actually it's very important to me that we sort this out today. We're both very busy and it's very hard to find the time to talk.
Christine:	And what will you do if I **refuse**? Are you going **to walk out**?
Rosana:	You have to agree I've shown a lot of **loyalty** to your company. Please take the time to sort this out with me. I'm sure it is for the best for both of us.
Christine:	Fine. You can be the Senior Stylist, but no pay rise.
Rosana:	You know the pay rise is more important to me. I'm having problems **supporting** my family at the moment. I know you don't want that. I'd be willing to accept £11 an hour if we can agree **to review** it in six months.
Christine:	Okay. £11 an hour
Rosana:	And you'll change my job title to Senior Stylist?
Christine:	Okay. But I'll expect you to take on more **responsibilities**
Rosana:	Absolutely. Can we **shake** on it?

(They shake hands)

Rosana: I'd better go and get started right away!

CERRANDO EL TRATO

Christine intenta algunas tácticas de último momento para salir de la discusión y Rosana cierra el trato...

| Christine: | Lo siento; de verdad que no tengo tiempo para esto. Supongo que tendremos que **arreglarlo** otro día. |

Rosana:	De hecho, es bastante importante para mí que lleguemos a un acuerdo hoy. Las dos estamos muy ocupadas y es muy difícil encontrar un momento para hablar.
Christine:	¿Y qué harás si me **niego**? ¿Te vas a **marchar**?
Rosana:	Tiene que estar de acuerdo conmigo en que he sido **leal** a su empresa. Le ruego se tome el tiempo de llegar a un acuerdo conmigo. Estoy segura de que es lo mejor para ambas.
Christine:	De acuerdo. Puedes ser oficial de peluquería, pero no habrá aumento de sueldo.
Rosana:	Sabe que para mí es mucho más importante el aumento de sueldo. Estoy teniendo problemas en **mantener** a mi familia en estos momentos. Sé que no quiere eso. Estoy dispuesta a aceptar £11 la hora si acordamos **revisarlo** dentro de seis meses.
Christine:	Vale. £11 la hora.
Rosana:	¿Y pasaré a ser oficial de peluquería?
Christine:	De acuerdo. Pero esperaré que te encargues de más **responsabilidades**.
Rosana:	Totalmente. ¿**Es un trato**?

(Se estrechan las manos)

Rosana: ¡Más vale que empiece de inmediato!

 ## Vocabulario

Loyalty	Lealtad
To support	Ayudar, mantener
Responsibilities	Responsabilidades
To shake on something	Darse la mano al llegar a un acuerdo

SOME COMMON LAST-MINUTE TACTICS

- Giving an ultimatum.
- Telling you to take it or leave it.
- Walking out of the room.
- Offering a short-term bribe.
- Abrupt change in tone (used to shock the other party).
- Making new requests.
- Stating generalisations without evidence.
- Adopting a friendly attitude and acting like they are doing you a favour.

ALGUNAS TÁCTICAS HABITUALES DE ÚLTIMO MOMENTO

- Dar un ultimátum.
- Decir que lo cojas o lo dejes.
- Irse de la habitación.
- Ofrecer un soborno a corto plazo.
- Cambio brusco de tono (para asustar al oponente).
- Realizar nuevas solicitudes.
- Hacer generalizaciones sin pruebas.
- Adoptar una actitud amistosa para que parezca que le hacen un favor.

VOCABULARIO

Opponent	Oponente
Respect	Respeto
Honesty	Sinceridad

Stand your ground (firmly)	Estar en sus trece (con firmeza)
Conflicts	Conflictos
To resort	Recurrir a
Tactics	Tácticas
Settle for less	Conformarse con menos
To close the deal	Cerrar un trato
To refuse	Negarse a algo
To walk out	Marcharse, salir de la habitación

 ## LENGUAJE ÚTIL PARA CERRAR UN TRATO

It sounds like we've reached an agreement.	Parece que hemos llegado a un acuerdo.
I'm willing to work with that.	Estoy dispuesto a trabajar con eso.
I think we both agree to these terms.	Creo que los dos estamos de acuerdo en cuanto a eso.
I'm satisfied with this decision.	Estoy satisfecho con esa decisión.
I think we should get this in writing.	Creo que deberíamos dejarlo por escrito.
I'd like to stop and think about this for a little while.	Me gustaría parar a pensar en eso un momento.
You've given me a lot to think about.	Me ha dado mucho en lo que pensar.
Would you be willing to sign a contract right now?	¿Estaría dispuesto a firmar un contrato ahora mismo?
Let's meet again once we've had some time to think.	Vamos a volver a reunirnos cuando hayamos tenido un tiempo para pensarlo.

CULTURAL DIFFERENCES

Before travelling abroad or receiving a visitor from a foreign country, it is important to think about the cultural issues that may affect the relationship. Stereotypes aside, there are certain fundamental differences in body language. It is important therefore to do some research on the country in question.

Eye contact: In some cultures, **looking people in the eye** indicates **honesty** and **straightforwardness**; in others it is seen as **challenging** and **rude**. In USA, the best way to connect with a person is to look them into the eye. Most Arab cultures share a great deal of **eye contact** and may regard too little as **disrespectful**. However, in British culture, a certain amount of eye contact is required, but too much makes people uncomfortable. Additionally, in South Asian and many other cultures, **direct eye contact** is generally regarded as rude and aggressive.

Personal Space: How much **space** does a person need around them before they feel uncomfortable? This is **highly variable**. Those who live in a **densely populated environment** normally have smaller personal space needs. **Thus** a resident of India may have a smaller personal space than someone who lives on the side of a mountain.

Physical Contact: This **varies widely** from country to country. In some countries it is very normal to kiss people on the cheeks anything from once to four times. In other countries there is no physical contact.

Dress: Obviously what is **considered appropriate dress** in one country might not be appropriate in another. Many offices have «Dress down Friday» when people wear casual clothes to the office, and in Islamic countries there may be issues with women **covering** their arms, legs and hair.

Contact between the sexes: In some cultures men and women kiss when they meet but in others any form of physical contact is completely **inappropriate**.

Directness of speech: When discussing business **be aware** that some cultures get down to business in a very direct way whereas others do things in a much slower, more **roundabout** way.

Talking/interrupting: In some cultures it is very normal for people **to interrupt** each other and talk at the same time. In others this is **the height of rudeness**.

Gestures and facial expressions: This varies widely. A smile in one country may have a different meaning in another. Be aware of how your gestures and expressions may be **interpreted** by someone from a different culture.

Humour: In some cultures it is very normal to use humour when discussing business. Be aware that humour is very **individual** to each nation and what you say **in jest** can easily be **taken literally** and **cause offence**.

Manner of conducting business: In some countries negotiations are very formal. In others it's normal to conduct negotiations in «**social settings**» like bars.

DIFERENCIAS CULTURALES

Antes de viajar al extranjero o recibir una visita de un país extranjero, es importante tener en cuenta las diferencias culturales que puedan afectar a la relación. Dejando a un lado los estereotipos, existe una serie de diferencias fundamentales en el lenguaje corporal. Por lo tanto, es importante investigar un poco sobre el país en cuestión.

Contacto visual: en algunas culturas, **mirar a la gente a los ojos** indica **sinceridad** y **franqueza**; en otros se puede considerar como **desafiante** y **descortés**. En EE.UU., la mejor manera para conectar con alguien es mirándole a los ojos. La mayoría de las culturas árabes comparten una gran cantidad de **contacto visual** y pueden considerar una **falta de respeto** que se haga poco. Sin embargo, en la cultura británica se requiere una cierta cantidad de contacto visual, pero hacerlo demasiado hace que las personas se sientan incómodas. Además, en las culturas del sur de Asia y otras muchas, el **contacto visual directo** generalmente se considera descortés y agresivo.

Espacio personal: ¿cuánto **espacio** necesita una persona a su alrededor para no sentirse incómodo? Esto es **muy variable**. Los que viven en **ambientes densamente poblados** tienden a requerir un espacio personal menor. **De este modo**, un habitante de la India puede tener necesidad de un espacio personal menor que alguien que vive en la ladera de una montaña.

Contacto físico: esto **varía enormemente** de un país a otro. En algunos países es normal besar a la gente en las mejillas entre una y cuatro veces. En otros países, no existe contacto físico.

Vestido: obviamente, lo que **se considera vestido apropiado** en un país puede no serlo en otro. Muchas oficinas tienen «viernes casual» en el que la gente lleva ropa más casual a la oficina, y en culturas islámicas pueden existir cuestiones respecto a las mujeres teniendo que **cubrirse** los brazos, piernas y cabello.

Contacto entre sexos: en algunas culturas los hombres y las mujeres se besan al encontrarse, pero en otras cualquier tipo de contacto físico es totalmente **inapropiado**.

Franqueza en el habla: en las discusiones de negocios **tenga en cuenta** que en algunas culturas se hacen negocios de una manera muy clara mientras que en otras las cosas se hacen de un modo más **indirecto**.

Hablar/interrumpir: en algunas culturas es común **interrumpirse** y hablar al mismo tiempo. En otras, **es el no va más de lo incorrecto**.

Gestos y expresiones faciales: esto varía enormemente. Una sonrisa en un país puede tener un significado distinto en otro. Tenga en cuenta la manera en que sus gestos y expresiones puedan **interpretarse** por una persona de otra cultura.

Humor: en algunas culturas es muy normal utilizar el humor al discutir los negocios. Tenga en cuenta que el humor es muy **individual** a cada nación y que lo que diga **en broma** puede **tomarse literalmente** y **ofender**.

Manera de llevar una negociación: en algunos países las negociaciones son muy formales. En otros, lo normal es llevar a cabo las negociaciones en «**entornos sociales**» como bares y restaurantes.

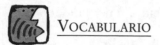 VOCABULARIO

Cultural	Cultural
To affect	Afectar
Steroetypes aside	Dejando a un lado los estereotipos
Fundamental	Fundamental
To look someone in the eye	Mirar a alguien a los ojos
Honesty	Sinceridad
Straightforwardness	Franqueza
Challenging	Desafiante, que exige un reto
Rude	Maleducado, grosero, descortés
Eye contact	Contacto visual
Disrespectful	No respetuoso, falta de respeto
Direct eye contact	Contacto visual directo
Therefore	Por lo tanto
Research	Investigación
Space	Espacio
Highly variable	Muy variable
Densely populated environment	Entorno densamente poblado
Thus	De este modo, por tanto
To vary widely	Variar enormemente

Considered appropriate/ inappropriate	Considerado apropiado/ inapropiado
To cover	Cubrir, cubrirse
Be aware	Tener en cuenta, tener cuidado
A roundabout way	De manera indirecta
Directness of speech	Franqueza en el habla
To interrupt	Interrumpir
The height of rudeness	El no va más de lo descortés, incorrecto, maleducado
Gestures	Gestos
Facial expressions	Expresiones faciales
To interpret something	Interpretar algo
Humour	Humor
Individual	Individual
In jest	En broma
To take something literally	Tomarse algo de manera literal
To cause offence	Ofender
A social setting	Entorno social

> **TAKE NOTE!**
>
> Un modismo (idiom) es una expresión o frase hecha que se aparta del significado propio de las palabras. Ayudan a animar nuestro discurso.

 **BIG GUNS**

At Diamond Glass the Treasurer has called a meeting to discuss the year's financial report.

Mr Smith: (Whispering) Look out, here come the *big guns...*

Mr Edwards: Hello everybody. I'd like to start by *summing up* the financial report. Basically, it hasn't been an easy first year. We *turned over* about £50,000 –that's *a ball park figure*– which means we are *out of the red and into the black.* We lost a lot when we tried to *bail the Graft project out.* That was *money down the drain. The bottom fell out of the market* and we had to sell the stock *at a loss* and make redundancies *across the board.* But we *cut our losses* and *the bottom line* is the company is now stable and we are looking forward to *gaining ground* in the market. In fact, we have just been given *the green light* for a new project...

PECES GORDOS

El tesorero de Diamond Glass ha organizado una reunión para discutir el informe financiero anual.

Mr Smith: (Susurrando) Cuidado, aquí vienen los *peces gordos...*

Mr Edwards:	Hola a todos. Me gustaría empezar *resumiendo* el informe financiero. Básicamente, no ha sido un primer año fácil. *Facturamos* unas £50,000 –es una *cifra aproximada*– lo que quiere decir que estamos *dejando de tener pérdidas y empezando a tener ganancias.* Perdimos mucho cuando tratamos de *salvar el proyecto* Graft. Eso fue *dinero echado a perder. El mercado se desplomó* y tuvimos que vender los valores *a déficit* y efectuar despidos *por toda la empresa.* Pero *evitamos más pérdidas* y *el resultado final* es que la empresa está estable y vamos a seguir *ganando terreno* en el mercado. De hecho, nos acaban de *dar luz verde* para un nuevo proyecto...

 VOCABULARIO

To sum up - resumir
To describe or express briefly the important facts.

Turn over - facturar
The amount of business a company does in a period.

Big gun/big cheese/big wheel/big wig - pez gordo
An important person.

In the red - tener pérdidas, estar en números rojos
Losing money, unprofitable.

In the black - tener ganacias
Making money, profitable.

Out of the red and into the black - dejar de tener pérdidas y empezar a tener ganancias
Stop making a loss and start making a profit.

Ball park figure - cifra aproximada
A rough figure.

To bail something/someone out - salvar, pagar
Help or rescue a company with financial problems.

Money down the drain - dinero echado a perder
To sell something at a loss, to sell something and lose money.

Across the board - afectando a todos/todo
Including everybody or everything.

To cut your losses - evitar más pérdidas
To do something to stop losing money.

The bottom fell out of the market - el mercado se desplomó
To fall below an earlier lower price.

At a loss - a déficit, con pérdidas
To sell below cost.

The bottom line - el resultado final, al final
The total, the final figure on the balance sheet.

To gain ground - ganar terreno
Go forward, make progress.

To be given the green light - tener luz verde
Get permission to start a project.

10. GRAMÁTICA

1. INTRODUCTIONS

PRESENT SIMPLE

ORACIONES AFIRMATIVAS

La oración afirmativa se construye de la siguiente manera:

Sujeto + Verbo + Complemento

I	am	English
You	are	a student
He/she/it	is	friendly

Conjugación del verbo *to be* en presente:

Singular		Plural	
I am	I'm	We are	We're
You are	You're	You are	You're
He/She/It is	He's/She's/It's	They are	They're

Otros verbos

I work late
You work very hard
He/she/it works together
We work for a large company
You work in a bank
They work in Scotland

I read a letter
You play the guitar
He travels to Japan
We live in London
You have a meeting now
They buy buildings

En presente simple siempre se añade una –s al infinitivo en la tercera persona del singular.

ORACIONES NEGATIVAS

«To be»

Las oraciones negativas con el verbo *to be* se construyen de la siguiente manera:

Sujeto + Verbo to be + not + Complemento

I	am	not	English
You	are	not	a student
You	're	not	a student
You		aren't	a student → FORMA CONTRAÍDA
He/she/it	is	not	friendly

Las oraciones negativas con otros verbos se construyen de la siguiente manera:

Sujeto + (Verbo auxiliar to do + contracción de not) + Verbo + Complemento

I	don't	work	in a bank
You	don't	travel	to Berlin
He/she/it	doesn't	buy	a car

Otros verbos

I don't work in Scotland

You don't work for a large company

He/she/it doesn't work in a bank

We don't work very hard

You don't work together

They don't work late

I don't enjoy traveling

You don't have a car

He doesn't play the piano

We don't eat meat

You don't have children

They don't know Germany

Es más común el uso de la contracción, por ejemplo - «**I do not live** in England» se convierte en «**I don't live** in England» y «He does not go to school» se convierte en «**He doesn't go** to school».

ORACIONES INTERROGATIVAS Y RESPUESTAS CORTAS

Con el verbo To be

Las oraciones interrogativas con el verbo *to be* se construyen de la siguiente manera:

Verbo + Sujeto + Complemento

Am	I	English?
Are	you	ready?
Is	he	friendly?

Las respuestas cortas afirmativas a una pregunta formulada con el verbo *to be* se construyen de la siguiente manera:

Yes, + Sujeto + Verbo *to be*

Yes,	I	am?
Yes,	you	are?
Yes,	he	is?

Las respuestas cortas negativas a una pregunta formulada con el verbo *to be* se construyen de la siguiente manera:

No, + Sujeto + (Verbo *to be* + not o contracción *n't*)

No,	I	am not
No,	you	aren't
No,	it	isn't

Interrogativa	Afirmativa	Negativa
Am I English?	Yes, **you are**	No, **you aren't**
Are you a student?	Yes, **I am**	No, **I'm not**
Is He/She/It friendly?	Yes, **he/she/it is**	No, **he/she/it isn't**
Are we Spanish?	Yes, **you are**	No, **you aren't**
Are you actors?	Yes, **we are**	No, **we aren't**
Are they Italian?	Yes, **they are**	No, **they aren't**

Con otros verbos

Las oraciones interrogativas realizadas con otros verbos se construyen de la siguiente manera:

Verbo auxiliar *to do* + Sujeto + Verbo + Complemento?

Do	I	work	in a hotel?
Do	you	play	the trumpet?
Does	he	live	in London?

Las respuestas cortas afirmativas a una pregunta formulada con otros verbos se construyen de la siguiente manera:

Yes, + Sujeto + Verbo to be

Yes,	I	am
Yes,	you	are
Yes,	she	does

> **TAKE NOTE!**
> Las dos primeras personas del singular en su forma corta utilizan el verbo *to be*.

Las respuestas cortas negativas a una pregunta formulada con otros verbos se construyen de la siguiente manera:

> No, + Sujeto + (Verbo to do + not o contracción *n't*)

No,	I	don't
No,	you	don't
No,	it	doesn't

Interrogativa	*Afirmativa*	*Negativa*
Do I work in a bank?	Yes, you are	No, you don't
Do you work for a large company?	Yes, I am	No, I don't
Does he/she/it work in Scotland?	Yes, he/she/it does	No, he/she/it doesn't
Do we work very hard?	Yes, you do	No, you don't
Do you work late?	Yes, we do	No, we don't
Do they work together?	Yes, they do	No, they don't

2. NUMBERS

PREPOSICIONES

Con la hora, fechas, días y momentos del día

In	On	At
In the morning	On 25th of July 1971	At the weekend
In the afternoon	On Christmas Day	At Midday
In the evening	On New Year's Day	At Midnight
In 1989	On the last day	At dinnertime
In January	On his birthday	At night
In winter	On Monday	At Easter
		At twelve o'clock

> **TAKE NOTE!**
>
> | At Christmas | On Christmas Day |
> | In the morning | At three o'clock in the morning |
> | On Tuesday | At lunchtime on Tuesday |
> | In 1956 | On the 1st of March 1956 |
>
> IN: se utiliza con momentos del día (in the morning), años (in 1980), meses (in February) y estaciones del año (in Spring)
>
> ON: se utiliza con fechas concretas (on the 1st of March) y días de la semana (on Tuesday)
>
> AT: se utiliza con momentos del día (at midnight) y del año (at Christmas), y horas del día (at ten thirty).

3. JOB HUNTING

PAST SIMPLE

ORACIONES AFIRMATIVAS

To be

Conjugación del verbo *to be* en pasado simple.
Las oraciones afirmativas en pasado simple se construyen de la siguiente manera:

Sujeto +	Verbo +	Complemento
I	was	here
You	were	there
He/She /It	was	ready
We	were	friends
You	were	happy
They	were	worried

Other Regular Verbs

Con otros verbos regulares:

I worked in a bank   I played the guitar
You worked for a large company   You climbed a mountain
He/she/it worked in Scotland   He cooked dinner
We worked very hard   We fished in the river
You worked late   You planted a tree
They worked together   They phoned Mary

TAKE NOTE!

Todos los verbos regulares forman el pasado con el infinitivo y ed.
No hay normas para los verbos irregulares.
Por ejemplo: **I lived** in Scotland.

Si el verbo en infinitivo lleva una sola vocal (stop), se duplica la última consonante.

(stop + p + ed) - I stopped to look

> **TAKE NOTE!**
>
> Si el verbo en infinitivo termina en «y», esta se cambia por una «i».
>
> (hurry – y + ied) - He hurried to work

ORACIONES NEGATIVAS

To be

Las oraciones negativas con el verbo to be en pasado simple se construyen de la siguiente manera:

Sujeto +	(Verbo to be + not) +	Complemento
I	wasn't	here
You	weren't	there
He/She /It	wasn't	ready
We	weren't	friends
You	weren't	happy
They	weren't	worried

> **TAKE NOTE!**
>
> Se suele usar la contracción en vez de la forma completa.
> Por ejemplo: «I was not here» se convierte en «I wasn't here» y «He did not go to school» se convierte en «He didn't go to school».

Otros verbos - Negativos

Las oraciones negativas en pasado simple con otros verbos se construyen de la siguiente manera:

Sujeto +	(to do en pasado + contracción de not)	+ Verbo +	Complementos
I	didn't	work	in a restaurante
You	didn't	travel	to Madrid
He/she/it	didn't	buy	a house

> **TAKE NOTE!**
>
> Es más común el uso de la contracción, por ejemplo: «**I did not work with Ann**» se convierte en «**I didn't work with Ann**» y «**He did not go to work**» se convierte en «**He didn't go to work**».

ORACIONES INTERROGATIVAS Y RESPUESTAS CORTAS

To be

Las oraciones interrogativas en pasado simple con el verbo to be se construyen de la siguiente manera:

Verbo	+	Sujeto	+	Complemento
Was		I		mad?
Were		you		here?
Was		he		naughty?
Were		we		on time?
Were		you		hungry?

Las respuestas cortas afirmativas a una pregunta formulada con el verbo to be en pasado simple se construyen de la siguiente manera:

Yes,	+	Sujeto	+	Verbo to be en pasado
Yes,		I		was
Yes,		you		were
Yes,		she		was

Las respuestas cortas negativas a una pregunta formulada con el verbo to be se construyen de la siguiente manera:

No,	+	Sujeto	+	(Verbo to be + not o contracción n't)
No,		I		am not
No,		you		aren't
No,		it		isn't

Otros verbos

Las oraciones interrogativas con otros verbos en pasado simple se construyen de la siguiente manera:

To do en pasado simple	+	Sujeto	+	Verbo en infinitivo	+	Complemento
Did		I		crash		the car?
Did		you		call		a doctor?
Did		he		say		he was sorry?
Did		we		have		fun?
Did		you		eat		a lot?
Did		they		go		away?

La respuesta corta positiva se construye:

Yes,	+	Sujeto	+	Did
Yes,		you		did
Yes,		I		did
Yes,		he/she/it		did
Yes,		you		did
Yes,		we		did
Yes,		they		did

La respuesta corta negativa se construye:

No,	+	Sujeto	+	didn't
No,		you		didn't
No,		I		didn't
No,		he/she/it		didn't
No,		you		didn't
No,		we		didn't
No,		they		didn't

PRESENT CONTINUOUS

ORACIONES AFIRMATIVAS

Las oraciones afirmativas en presente continuo se construyen de la siguiente manera:

Sujeto	+	(Verbo «to be» en presente Verbo en infinitivo + ing)	+	Complemento
I		am learning		English
I		am playing		the saxophone

You	are listening	to music
He	is watering	the plants
We	are drinking	wine
You	are buying	a new car
They	are going	on holiday

FORMA CONTRAÍDA

I'm speaking English   **We're speaking** Spanish
You're eating a cake   **You're learning to be** actors
He's being friendly   **They're learning** Italian

TAKE NOTE!

Se usa el presente continuo para hablar de acciones que han comenzado pero que aún no se han completado.

Por ejemplo:

He is singing loudly. - Está cantando fuertemente **ahora,** en el instante en que se habla.

I am reading a good book at the moment. - He empezado el libro, pero aún no lo he terminado de leer.

ORACIONES NEGATIVAS

Las oraciones negativas en presente continuo se construyen de la siguiente manera:

Sujeto + Verbo *to be* en presente simple		+ not +	(Verbo en infinitivo + ing)	+ Complemento

I	am	not	brushing	my hair
You	are	not	washing	the car
He	is	not	having	an affair
We	are	not	getting	married
You	are	not	going	home
They	are	not	drinking	water

FORMA CONTRAÍDA

I'm not speaking English
You're not (You aren't) eating a cake

He's not (he isn't) being friendly
We're not (We aren't) learning Spanish
You're not (You aren't) learning English
They're not (They aren't) learning Italian

ORACIONES INTERROGATIVAS Y RESPUESTAS CORTAS

Las respuestas cortas afirmativas a una pregunta formulada en presente continuo se construyen de la siguiente manera:

Yes,	+	Sujeto	+	Verbo *to be* en presente simple
Yes,		I		am
Yes,		you		are
Yes,		he		is
Yes,		we		are
Yes,		you		are
Yes,		they		are

Las respuestas cortas negativas a una pregunta formulada en presente continuo se construyen de la siguiente manera:

No,	+	Sujeto	+	Verbo *to be* en presente simple	+ not
No,		I		am not	
No,		I		am not	
No,		you		are not	
No,		he		is not	
No,		we		are not	
No,		you		are not	
No,		they		are not	

Las interrogativas en presente continuo se formulan de la siguiente forma:

Verbo *to be* en presente simple	+	Sujeto	+(Verbo en infinitivo + ing)	+ Complemento
Am		I	going	to jail?
Are		you	arriving	late?
Is		he	crying	now?
Are		we	being	happy together?
Are		you	playing	football?
Are		they	getting	angry?

PRESENT PERFECT

Se usa este tiempo verbal para hablar de **experiencias pasadas generales,** siempre y cuando no indicamos un punto concreto en el tiempo. Se utiliza **have** en presente **+ participio pasado.** El participio pasado de los verbos regulares coincide con el pasado simple. Para los irregulares, consulte la tabla de verbos al final del libro.

ORACIONES AFIRMATIVAS

Las oraciones afirmativas en presente perfecto se forman de la siguiente forma:

Sujeto	+ Verbo to have en presente	+ Participio pasado	+Complemento
I	have	read	that book
You	have	been	in Madrid
He	has	seen	that film
We	have	sent	the letter
You	have	played	rugby
They	have	washed	the plates

FORMA CONTRAÍDA

I've seen that film   **We've played tennis** before
You've been here before   **You've written** many books
He/She/It 's helped us a lot **They've read** your book

TAKE NOTE!

Es más común el uso de la contracción, por ejemplo: «I have seen that film» se convierte en «**I've seen that film**» y «He has not been in school» se convierte en «**He hasn't been in school**».

ORACIONES NEGATIVAS

Las oraciones negativas en presente perfecto se construyen de la siguiente manera:

Sujeto	+ *to have* en presente simple	+ not	+ Participio pasado	+ Complemento
I	have	not	worked	in a bank
You	have	not	read	Nietzsche
He	has	not	eaten	anything
We	have	not	been	on holiday
They	have	not	traveled	to Spain

FORMA CONTRAÍDA

I haven't seen that film   **We haven't played tennis** before
You haven't been here before   **You haven't written** many books
He/She/It hasn't helped us a lot   **They haven't read** your book

ORACIONES INTERROGATIVAS Y RESPUESTAS CORTAS

Para formar las oraciones interrogativas, se coloca el verbo «to be» en presente simple antes del sujeto y del participio pasado:

Verbo *to have* en presente simple	+ Sujeto	+ Participio pasado	+ Complemento
Have	I	met	Joanne?
Have	you	written	to your boss?
Has	he	bought	a car?
Have	we	been	happy?
Have	they	gone	to the beach?

Las respuestas cortas afirmativas se forman de la siguiente manera:

Yes,	+ Sujeto	+ *to have* en presente simple
Yes,	you	**have**
Yes,	I	**have**
Yes,	he/she/it	**has**
Yes,	you	**have**
Yes,	we	**have**
Yes,	they	**have**

Las respuestas cortas negativas se forman de la siguiente manera:

No,	+	Sujeto	+	*to have* en presente simple	+	not
No,		you			haven't	
No,		I			haventt	
No,		he/she/it			hasn't	
No,		you			haven't	
No,		we			haven't	
No,		they			haven't	

TAKE NOTE!

No usamos este tiempo cuando va acompañado de una expresión temporal o marca de tiempo (una palabra o grupo de palabras que indican un punto concreto en el tiempo).

I have seen that film - CORRECTO
I have seen that film LAST WEEK - INCORRECTO

En su lugar, usamos el pasado simple:
I saw that film LAST WEEK

---

4. COMMUNICATION

WOULD LIKE

ORACIONES AFIRMATIVAS

Para decir que nos gustaría algo, o para pedir cualquier cosa, se utiliza:

Sujeto	+	«would like» + Infinitivo	+	Complemento
I		would like to try		the fish
You		would like to drive		a truck
He		would like to work		at home
We		would like to eat		in that restaurant
They		would like to visit		you

ORACIONES NEGATIVAS

Las oraciones negativas, para expresar que no queremos algo, o que no nos gustaría alguna cosa, se forman del siguiente modo:

I	+	would not like	+	Verbo en infinitivo	+	Complemento
I		would not like		to see		him
You		would not like		to find		out
He		would not like		to cook		today
We		would not like		to work		anymore
You		would not like		to go to		jail
They		would not like		to visit		Ann

ORACIONES INTERROGATIVAS Y RESPUESTAS CORTAS

Las oraciones interrogativas con «would like», para preguntar si alguien desea alguna cosa o averiguar si algo sería de su agrado, se forman del siguiente modo:

Would	+	Sujeto	+	like	+	Verbo en infinitivo	+	Complemento
Would		I		like to paint				the house?
Would		you		like to have				a cup of tea?
Would		he		like to learn				Spanish?
Would		we		like to fly to				Hawaii?
Would		you		like to try				the salad?
Would		they		like to visit				Morocco?

Las respuestas cortas afirmativas a una interrogativa formulada con «would like», se forman del siguiente modo:

Yes,	+	Sujeto	+	would
Yes,		I		would
Yes,		you		would
Yes,		he		would
Yes,		we		would
Yes,		you		would
Yes,		they		would

Las respuestas cortas negativas a una interrogativa formulada con «would like», se forman del siguiente modo:

No,	+	Sujeto	+	would + not
No,		I		would not
No,		you		would not
No,		he		would not
No,		we		would not
No,		you		would not
No,		they		would not

TAKE NOTE!

Se coloca el infinitivo después de **would like**.
I would like go to town. INCORRECTO
I would like to go to town. CORRECTO

PRONOMBRES DE SUJETO

A continuación se detallan los pronombres de sujeto:

I	He doesn't like **me**
You	They don't know **you**
He	I have met **him**
She	I haven't met **her**
It	Have you seen **it**?
We	Call **us**
You	Where are **you**?
They	Do you know **them**?

Los pronombres de sujeto se utilizan para sustituir sustantivos.
Have you seen Jenny?
No, I haven't seen HER.

TAKE NOTE!

Los pronombres de sujeto se usan detrás de una preposición.
Por ejemplo:

Look at **her**! CORRECTO   I like **him**. CORRECTO
Look at **she**! INCORRECTO   I like **he**. INCORRECTO

---

5. BUSINESS TRIPS

PREGUNTAS CON PALABRAS INTERROGATIVAS «WH»

Las siguientes palabras se utilizan para formular preguntas:

What	qué	Why	por qué
Where	dónde	Who	quién
When	cuándo	How	cómo

Las oraciones interrogativas con palabras «wh» se forman del siguiente modo:

Palabras «wh» + Verbo + Sujeto

What	**is**	**it?**	¿**Qué** es?
Where	**are**	**we?**	¿**Dónde** estamos?
Who	**are**	**you?**	¿**Quién** eres?
Why	**are**	**you** here?	¿**Por qué** estáis aquí?
How	**are**	**they?**	¿**Cómo** están?
Why	**is**	**she** late?	¿**Por qué** llega tarde?

En las formas compuestas, se coloca el verbo auxiliar antes del sujeto:

Palabra «wh» + Verbo auxiliar + Sujeto + Verbo

What	**do**	**I**	eat for lunch?
Where	**does**	**he**	live?
Who	**does**	**she**	work with?
Why	**do**	**you**	work late?
How	**do**	**we**	get home?
When	**do**	**they**	have lunch?

TO BE GOING TO - FUTURE

Se utiliza este tiempo verbal para hablar de los **planes futuros y para hacer observaciones o predicciones basados en hechos reales.**

ORACIONES AFIRMATIVAS

Las oraciones afirmativas con «going to», se forman del siguiente modo:

Sujeto +	Verbo to be en presente + going to	+ Verbo en infinitivo	
I	am (I'm) going to	have fun	
You	are (You're) going to	be	famous
He/she/it	is (He's/She's/It's) going to	help	us
We	are (We're) going to	see	a film
You	are (You're) going to	have	dinner
They	are (They're) going to	get	wet

> **TAKE NOTE!**
>
> Es más habitual el uso de la forma contraída. Así, «I am going to buy a car» se convierte en «I'm going to buy a car».

> **TAKE NOTE!**
>
> Con los verbos «come» y «go» normalmente usamos el **presente continuo**. Por ejemplo:
>
> «I'm going to go to Spain» se convierte en «I'm going to Spain».
> «I'm going to come» se convierte en «I'm coming».

ORACIONES NEGATIVAS

Las oraciones negativas con «going to», se forman del siguiente modo:

Sujeto + Verbo to be en presente + not + going to	+ Verbo en infinitivo (sin «to»)
I am not going to	love you
You are not going to	cook dinner
He is not going to	invite me
We are not going to	go home
You are not going to	make the bed
They are not going to	watch that film

FORMA CONTRAÍDA

You are (You're) not going to be famous
He/she/it is (He's/She's/It's) not going to help us
We are (We're) not going to see a film
You are (You're) not going to have dinner
They are (They're) not going to get wet

También puede contraerse del siguiente modo:

You aren't going to be famous
He/she/it isn't going to help us
We aren't going to see a film
You aren't going to have dinner
They aren't going to get wet

ORACIONES INTERROGATIVAS Y RESPUESTAS CORTAS

Las oraciones interrogativas con «going to» se construyen de la siguiente manera:

Verbo «to be»	+ Sujeto	+ going to + Verbo en infinitivo	+ Complemento
Am	I	going to be	famous?
Are	you	going to eat	a cake?
Is	He/She/It	going to help	us?
Are	we	going to learn	Spanish?
Are	you	going to learn	to be actors?
Are	they	going to speak	Italian?

Las respuestas cortas afirmativas se forman utilizando la siguiente estructura:

Yes,	+ Sujeto	+ Verbo «to be»
Yes,	you	are
Yes,	I	am
Yes,	he/she/it	is
Yes,	you	are
Yes,	we	are
Yes,	they	are

Las respuestas cortas negativas se forman utilizando la siguiente estructura:

No,	+	Sujeto	+	Verbo «to be» + not
No,		you		aren't
No,		I'm		not
No,		he/she/it		isn't
No,		you		aren't
No,		we		aren't
No,		they		aren't

6. MEETINGS AND CONVENTIONS

CAN AND COULD

Los verbos modales «can» y «could» se emplean para expresar una posibilidad, para pedir permiso o expresar un deseo.

We can't swim because the sea is too cold.
(No podemos nadar porque el mar está demasiado frío)
We couldn't swim because the sea was too cold
(No nos permitieron bañarnos porque el mar estaba demasiado frío)
You can't go home yet.
(No puedes irte a casa todavía - no te doy permiso)

También se usa can y could para pedir algo cortésmente:

- Can I close the window?
  (Pregunto si puedo cerrar la ventana)
- Could you finish, please?
  (Pido cortésmente que acabes, por favor)
- Could I have a drink please?
  (Pido cortésmente algo para beber)

ORACIONES AFIRMATIVAS

Añadimos la forma infinitiva del verbo sin «to» del siguiente modo:

Sujeto	+	can + Infinitivo	+	Complemento
I		can see		you
You		can help		us
He		can find		me

We	can work	there
You	can feed	the cat
They	can fly to	Edinburgh

ORACIONES NEGATIVAS

Las oraciones negativas se forman del mismo modo, con can't.

Sujeto	+	can't	+	Infinitivo	+	Complemento
I		can't		play		the piano
You		can't		hate		him
He		can't		have		a dog
We		can't		go		to visit you
You		can't		go		on holiday
They		can't		help		you

TAKE NOTE!

Es más habitual utilizar la forma contraída, de modo que «I can not swim» se convierte en «I can't swim».

ORACIONES INTERROGATIVAS Y RESPUESTAS CORTAS

Las oraciones interrogativas con «can» y «can't» se forman del siguiente modo:

Can	+	Sujeto	+	Verbo en infinitivo + Complemento
Can		I		help you?
Can		you		turn off the TV?
Can		he		play the saxophone?
Can		we		take you home?
Can		you		feed the cat?
Can		they		come?

Can't	+	Sujeto	+	Verbo en infinitivo + Complemento
Can't		I		come?
Can't		you		see?
Can't		he		drive?
Can't		we		go to the cinema?

Can't	you	understand?
Can't	they	swim?

Las respuestas cortas afirmativas se construyen del siguiente modo:

Yes,	+	Sujeto	+	can
Yes,		you		can
Yes,		I		can
Yes,		he/she/it		can
Yes,		you		can
Yes,		we		can
Yes,		they		can

Las respuestas cortas negativas se construyen del siguiente modo:

No,	+	Sujeto	+	can't
No,		you		can't
No,		I		can't
No,		he/she/it		can't
No,		you		can't
No,		we		can't
No,		they		can't

COULD AND COULDN'T

ORACIONES AFIRMATIVAS

Las oraciones afirmativas con el verbo modal «could» se forman de la siguiente manera:

Sujeto	+	could	+	Verbo en infinitivo	+	Complemento
I		could		rent		a house by the sea
You		could		go		home
He		could		tell		her why
We		could		all go		and visit
You		could		take		care of the forest
They		could		meet		up tonight

ORACIONES NEGATIVAS

Las oraciones negativas con «could» se forman del siguiente modo:

Sujeto	+	couldn't	+	Verbo en infinitivo + Complementos
I		couldn't		move my legs
You		couldn't		open the door
He		couldn't		see me
We		couldn't		bear it
You		couldn't		eat anymore
They		couldn't		cry

TAKE NOTE!

También se puede utilizar el verbo modal «**may**» para pedir permiso cortésmente, aunque es menos frecuente: siempre va en primera persona - nunca se utiliza para pedirle algo a alguien:

May I close the window?

ORACIONES INTERROGATIVAS Y RESPUESTAS CORTAS

Could

Las oraciones interrogativas con «could» se forman de la siguiente manera:

Could	+	Sujeto	+	Verbo en infinitivo + Complementos
Could		I		write to him?
Could		you		pass me the salt?
Could		he		visit her in jail?
Could		we		go to that restaurant?
Could		you		finish doing that?
Could		they		get lost?

Las respuestas cortas en afirmativo se forman de la siguiente manera:

Yes,	+	Sujeto	+	Could
Yes,		you		could
Yes,		I		could
Yes,		he/she/it		could
Yes,		you		could
Yes,		we		could
Yes,		they		could

Las respuestas cortas en negativo se forman de la siguiente manera:

No,	+	Sujeto	+	Couldn't
No,		you		couldn't
No,		I		couldn't
No,		he/she/it		couldn't
No,		you		couldn't
No,		we		couldn't
No,		they		couldn't

> **TAKE NOTE!**
>
> Se usa el infinitivo _sin_ «to» después de **can, can't, could** y **couldn't**.
>
> I can <u>to</u> swim. INCORRECTO
> I couldn't <u>to</u> swim because the water was cold. INCORRECTO

7. SOCIAL EVENTS

<u>WILL - FUTURE</u>

El futuro con «will» se usa para expresar una toma de decisión, hacer una promesa o una predicción. Se forma del siguiente modo, con el verbo en infinitivo sin «to»:

Sujeto	+	will	+	Verbo en infinitivo	+	Complementos
I		will		buy		you a castle
You		will		help		her
He		will		win		the battle
We		will		visit		you soon
You		will		play		fair
They		will		read		his book

FORMA CONTRAÍDA

I'll help you
You'll get a good job
He/She/It'll help us a lot

We'll play again soon
You'll write more books
They'll read your book

ORACIONES NEGATIVAS

Las oraciones negativas en futuro se forman con «won't»:

Sujeto +	won't +	Verbo en infinitivo + Complementos
I	won't	fight
You	won't	go to her house
He	won't	drive me home
We	won't	swin to the shore
You	won't	fish a trout
They	won't	understand us

ORACIONES INTERROGATIVAS Y RESPUESTAS CORTAS

Las oraciones interrogativas con «will» se formulan de la siguiente manera:

Will +	Sujeto +	Verbo en infinitivo +	Complementos
Will	I	finish	on time?
Will	you	help	me?
Will	he	lend	a hand?
Will	we	win	the race?
Will	you	play	again?
Will	they	sing	out loud?

Las respuestas cortas afirmativas se forman de la siguiente manera:

Yes, +	Sujeto +	will
Yes,	you	will
Yes,	I	will
Yes,	he/she/it	will
Yes,	you	will
Yes,	we	will
Yes,	they	will

Las respuestas cortas negativas se forman de la siguiente manera:

No, +	Sujeto +	won't
No,	you	won't
No,	I	won't
No,	he/she/it	won't

No,	you	won't
No,	we	won't
No,	they	won't

8. THE ART OF CONVERSATION

POSESIVOS

Se utiliza el genitivo sajón 's para indicar la posesión de un objeto por una o varias personas. Se coloca después del sujeto que posee, del propietario:

- This is my uncle's garden
- It is Ann's birthday today
- That is her parent's house

Se utiliza 's para indicar la posesión de un objeto por varias personas:

- This is his parents' house.

El genitivo sajón también se añade (después del sujeto que posee) en los plurales irregulares:

- Here is the children's nursery
- That is the ladie's bathroom

ADJETIVOS POSESIVOS Y PRONOMBRES POSESIVOS

Los ADJETIVOS POSESIVOS se utilizan para indicar la posesión de alguna cosa. Van acompañando a un sustantivo:

Pronombre personal	Adjetivo posesivo
I	my
you	your
he	his
she	its
it	its
we	our
you	your
they	their

I'm the boss and this is **my** office.
You're the students and this is **your** classroom.
He's the secretary and this is **his** computer.
She's the manager and this is **her** Mercedes.
It's the guard dog and that is **its** kennel.
We're the staff and that is **our** smoking room.
They're the inspectors and this is **their** report.

TAKE NOTE!

Los adjetivos posesivos NO cambian con los sustantivos en plural.

Those are **theirs** reports. INCORRECTO
Those are **their** reports. CORRECTO

Los pronombres posesivos reemplazan los adjetivos posesivos y el sustantivo que acompañan:

	Singular	Plural
Primera persona	mine	ours
Segunda persona	yours	yours
Tercera persona	his/hers/its	theirs

It's **my** office   It's **mine**
It's **your** classroom   It's **yours**
It's **his** computer   It's **his**
It's **her** Mercedes   It's **hers**
It's **our** room   It's **ours**
It's **their** report   It's **theirs**

ADVERBIOS DE FRECUENCIA

Cuando alguien hace una pregunta con «How often...» (¿con qué frecuencia...?), respondemos usando un adverbio de frecuencia:

How often do you walk to work?

El adverbio se coloca antes del verbo:

Sujeto +	Adverbio +	Verbo + Complemento
I	always	have lunch at two o'clock
You	usually	take the bus
He	often	walks his dog in the park
We	sometimes	have dinner in that restaurant
You	hardly	ever visit them
They	never	go to the cinema

En las oraciones afirmativas y negativas, se coloca el adverbio después del verbo «to be»:

> I am always late
> It is not usually the case

En las interrogativas, el adverbio se coloca antes del verbo «to be»:

> How often are you late for work?
> I'm **always** late.

Siempre se utiliza un verbo en positivo con «never» (nunca) y «hardly ever» (casi nunca)

> I **hardly ever** walk to work. CORRECTO
> I don't **hardly ever** walk to work. INCORRECTO

9. NEGOTIATING: GETTING WHAT YOU WANT

MODAL VERBS

Los modales **can, could, may, might, will, would, should y must, se colocan antes del infinitivo (sin «to») para indicar el grado de seguridad u obligación del verbo en cuestión.**

TAKE NOTE!

Los verbos modales no llevan «s» en la tercera persona del singular.

He **should** go on holidays.
She **must** eat a bit more.

A continuación se detallan algunos de los verbos modales de uso más frecuente, agrupados en función de su uso:

Certeza total:	must, mustn't, will, won't, can, can't.
Posibilidad:	should, shouldn't, may, may not.
Poca probabilidad:	might, might not, could, couldn't.
Condicionalidad o posibilidad:	would, wouldn't, could, couldn't.
Obligación fuerte:	must.
Prohibición:	must not, can't.
Sugerencia o recomendación:	should, might, may.
Voluntad, insistencia y ofrecimientos:	will, would.
Permiso:	can, may, might.
Habilidad:	can, be able to.

TABLA DE VERBOS IRREGULARES

P AST SIMPLE AND PAST PARTICIPLE - IRREGULAR VERBS

INFINITIVE	PAST SIMPLE	PAST PARTICIPLE	INFINITIVE	PAST SIMPLE	PAST PARTICIPLE
be	was/were	been	cut	cut	cut
beat	beat	beaten	deal	dealt	dealt
become	became	become	dig	dug	dug
begin	began	begun	do	did	done
bend	bent	bent	draw	drew	drawn
bet	bet	bet	drink	drank	drunk
bite	bit	bitten	drive	drove	driven
blow	blew	blown	eat	ate	eaten
break	broke	broken	fall	fell	fallen
bring	brought	brought	feed	fed	fed
build	built	built	feel	felt	felt
burst	burst	burst	fight	fought	fought
buy	bought	bought	find	found	found
catch	caught	caught	fly	flew	flown
choose	chose	chosen	forbid	forbade	forbidden
come	came	come	forget	forgot	forgotten
cost	cost	cost	freeze	froze	frozen

INFINITIVE	PAST SIMPLE	PAST PARTICIPLE	INFINITIVE	PAST SIMPLE	PAST PARTICIPLE
get	got	got	sew	sewed	sewn/sewed
give	gave	given	shake	shook	shaken
go	went	gone	shine	shone	shone
grow	grew	grown	shoot	shot	shot
hang	hung	hung	show	showed	shown
have	had	had	shrink	shrank	shrunk
hear	heard	heard	shut	shut	shut
hide	hid	hidden	sing	sang	sung
hit	hit	hit	sink	sank	sunk
hold	held	held	sit	sat	sat
hurt	hurt	hurt	sleep	slept	slept
keep	kept	kept	speak	spoke	spoken
know	knew	known	spend	spent	spent
lay	laid	laid	split	split	split
lead	led	led	spread	spread	spread
leave	left	left	spring	sprang	sprung
lend	lent	lent	stand	stood	stood
let	let	let	steal	stole	stolen
lie	lay	lain	stick	stuck	stuck
light	lit	lit	sting	stung	stung
lose	lost	lost	stink	stank	stunk
make	made	made	strike	struck	struck
mean	meant	meant	swear	swore	sworn
meet	met	met	sweep	swept	swept
pay	paid	paid	swim	swam	swum
put	put	put	swing	swung	swung
read	read	read	take	took	taken
ride	rode	ridden	teach	taught	taught
ring	rang	rung	tear	tore	torn
rise	rose	risen	tell	told	told
run	ran	run	think	thought	thought
say	said	said	throw	threw	thrown
see	saw	seen	understand	understood	understood
seek	sought	sought	wake	woke	woken
sell	sold	sold	wear	wore	worn
send	sent	sent	win	won	won
set	set	set	write	wrote	written

11. VOCABULARIO

Abbreviate, to	Abreviar
Absolutely/totally	Completamente/totalmente
Abstentions	Abstenciones
Acknowledge	Reconocer
Actions to be taken	Acciones que se han de tomar
Adaptable	Flexible
Add something, to	Añadir algo
Affect, to	Afectar

Agenda	Orden del día
Aim, to	Tener como finalidad, esperarse
Airline	Aerolínea
Airplane	Avión
Aisle	Pasillo
All against	Todos en contra
All those in favour	Todos a favor
Allow time, to	Permitir tiempo
Analyzed	Analicé
And to drink?	¿Y para beber?
Appliances	Electrodomésticos
Approval	Aprobar
Approximately	Aproximadamente
Arrival	Llegada
As soon as possible (ASAP)	Lo antes posible
As you will see from my CV	Como podrá ver en mi CV
Assisted	Asistí
Attained	Obtuve
Attendance	Asistencia
Attendees	Asistentes
Available	Disponible
Baggage/Luggage	Equipaje
Be aware	Tener en cuenta
Be dealt with, to	A tratar

Be late, to	Llegar tarde
Be unaware, to	Ignorar, desconocer
Blue-collar workers (manual or shop floor)	Personal en plantilla
Body language	Lenguaje corporal
Book, to	Reservar
Both parties	Ambas partes
Brain-storming	Lluvia de ideas
Broad-minded	De mente abierta
Brochure	Catálogo
But that's not all	Pero eso no es todo
Cabin	Cabina
Calm	Calma
Cancellation	Cancelación
Cause offence, to	Ofender
Chair (person)	Moderador
Chair, to	Moderar
Challenge	Reto
Challenging	Desafiante, que exige un reto
Change trains, to	Efectuar trasbordo
Check, to	Comprobar
Christian name	Nombre propio
Close the deal, to	Cerrar un trato
Collaborated	Colaboré
Commonly	Comúnmente

Compared with	Comparado con
Competent	Competente
Confirmation	Confirmación
Conflicts	Conflictos
Considered appropriate/inappropriate	Considerado apropiado/inapropiado
Contact data	Datos de contacto
Contribution	Contribución
Convenor	Convocante
Coordinate, to	Coordinar
Correspondence	Correspondencia
Courier	Mensajero
Cover, to	Cubrir, cubrirse
Creative	Creativo
Crown Dependencies	Dependencias de la corona/ del estado
Cultural	Cultural
Currency	Moneda
Current	Actual
Customer complaints	Reclamaciones de los clientes
Customs office	Aduana
Decimal	Decimal
Densely populated environment	Entorno densamente poblado
Departure	Salida
Deserve, to	Merecer

Designate, to	Designar, indicar
Developed	Desarrollé
Dialling code	Prefijo
Diplomatic	Diplomático
Direct eye contact	Contacto visual directo
Directed	Dirigí
Directness of speech	Franqueza en el habla
Discuss, to	Discutir
Dispatch, to	Enviar
Disrespectful	No respetuoso, falta de respeto
Distinguish, to	Distinguir
Divided	Dividido
Double room	Habitación doble
Duties	Tareas
Duty free	Libre de impuestos
Education	Formación académica
Efficient	Eficiente
Emergency	Emergencia
Employment	Experiencia profesional
Enclosed	Adjunto
Engaged	Ocupado, comunicando
Evaluated	Evalué
Exactly!	¡Exacto!
Excellent choice	Excelente decisión

Excuse me, Miss.	Disculpe, señorita
Experienced	Con experiencia
Extension	Extensión
Eye contact	Contacto visual
Face, to	Enfrentarse a
Facial expressions	Expresiones faciales
Fee	Honorarios
Finding a balance	Encontrar un equilibrio
Fine with me	Por mí, bien
Firstly	En primer lugar
Flight	Vuelo
Flight attendant/Stewardess	Azafata
Formal/informal contexts	Contextos formales/informales
Forms	Formularios
Freelancer	Autónomo
Full-time job	Trabajo a tiempo completo
Fully qualified	Diplomado
Fundamental	Fundamental
Gestures	Gestos
Get off, to	Bajarse
Get on, to	Subirse
Give and take	Toma y daca
Goal	Finalidad
Good morning/afternoon, everyone	Buenos días/tardes a todos

Good point!	¡Buen argumento/tienes razón!
Great!	¡Genial!
Ground rules	Normas de procedimiento
Handouts	Fotocopias
Headed	Encabecé
Highlight	El plato fuerte, lo más destacado
Highly skilled	Experto
Highly variable	Muy variable
Hold the line, to	Esperar (no colgar)
Home number	Número de casa
Honesty	Sinceridad
Humour	Humor
I have an appointment this evening	Tengo una cita esta tarde
I have some work to do	Tengo trabajo que hacer
I'm rather busy	Estoy algo ocupado
I'm rather tired	Estoy algo cansado
I'm afraid I don't agree	Me temo que no estoy de acuerdo
Implement, to	Implementar
Improve, to	Mejorar
In jest	En broma
In my opinion...	En mi opinión...
In reference	En referencia a
Increased	Aumenté
Individual	Individual

Information office	Ventanilla de información
In-house staff	Personal en plantilla
Innovative	Innovador
Interpret something, to	Interpretar algo
Interrupt, to	Interrumpir
Intimidate, to	Intimidar
Invite, to	Invitar
Jointly	Conjuntamente
Juniors	Subalternos, de menor rango
Just a moment	Un momento
Keep in touch	Mantener el contacto
Key points	Puntos clave
Keynote speaker	Ponente principal
Land line	Línea de tierra, teléfono fijo
Land, to	Aterrizar
Laptop	Portátil
Left luggage	Consigna
Losses/gains	Pérdidas/ganancias
Maintenance	Mantenimiento
Majority/ minority	Mayoría/minoría
Managed	Gestioné
Management	Dirección
Market-leading	Líder en el mercado
Materials	Materiales

Matters arising	Puntos a tratar/asuntos
Means a lot to me	Significa mucho para mí
Merge	Fusionar
Methodical	Metódico
Midday	Mediodía
Middle name	Segundo nombre
Midnight	Medianoche
Might I suggest...	¿Puedo sugerir...?
Minutes	Actas
Miss the train, to	Perder el tren
Mobile	Móvil
Motivated	Motivado
Move to the first item	Pasar al primer punto
My (fluency in Japanese) will be useful when...	(Mi dominio del japonés) será muy útil cuando...
My plane was delayed	Se retrasó mi vuelo
My previous jobs include...	Mis anteriores trabajos incluyen...
Negotiate, to	Negociar
Negotiated	Negocié
Negotiation	Negociación
Net income	Beneficios netos
Never	Nunca
Nickname	Apodo
Nine-to-five job	Trabajo estable de oficina, con horario fijo

No really, I insist	No, de verdad, insisto
Not present	No presente
Nowadays	A día de hoy
Objective	Objetivo
Observe, to	Observar
Obtain, to	Obtener
Offset by...	Compensado por...
Oh, dear...	Vaya
Oh, yes, that sounds really nice	Uy, sí, suena muy bien
On behalf of...	De parte de...
On Saturdays I go to pottery lessons	Los sábados voy a clase de cerámica
On time	Puntual
One-way ticket	Billete de ida
Opponent	Oponente
Organized	Organicé
Other skills	Otros datos
Overestimate, to	Sobreestimar
Paper	Papel
Participation	Participación
Part-time job	Trabajo a tiempo parcial
Pass things on, to	Pasar las cosas
Passenger	Pasajero
Passport	Pasaporte
Pay rise	Aumento de sueldo

Pen	Bolígrafos
Perhaps we should...	Quizá deberíamos...
Permanent work	Contrato fijo
Personal data	Datos personales
Plans for the weekend and holidays	Planes para el fin de semana y las vacaciones
Platform	Andén
Please find attached (a copy of my CV)	Adjunto (una copia de mi CV)
Pleased to meet you	Encantado/a
Positive	Positivo
Pound Sterling	Libra Esterlina
Practical	Práctico
Preside, to	Presidir
Promotion	Promoción
Propose, to	Proponer
Purpose	Motivo
Quid £	Libra
Quotes	Presupuesto
Railway station	Estación
Raise your hand	Levantar la mano
Refuse, to	Negarse a algo
Reliable	Fiable
Relocation	Traslado
Repairs	Reparaciones

Representatives	Representantes
Represented	Representó
Reputable	Acreditado, serio, con reputación
Research	Investigación
Resort, to	Recurrir a
Resourceful	Con recursos
Respect	Respeto
Return-ticket	Billete de vuelta
Revenues	Ingresos, rentas, beneficios
Review, to	Valorar
Right away.	Ahora mismo
Round-trip ticket	Billete de ida y vuelta
Rude	Maleducado, grosero, descortés
Run out of, to	Agotarse
Salary	Salario
Seat-belt	Cinturón de seguridad
Second, to	Secundar
See someone's point of view, to	Comprender el punto de vista de otra persona
Self disciplined	Disciplinado
Self-employed	Auto-empleado
Settle for less	Conformarse con menos
Settle, to	Resolver, llegar a un acuerdo
Should	Debería

Sincere	Sincero
Single room	Habitación sencilla
Skilled	Hábil
Skills	Habilidades
Slang	Jerga
Slides	Diapositivas
Social setting	Entorno social
Space	Espacio
Specified	Especificado
Stand your ground (firmly)	Estar en sus trece (con firmeza)
Stereotypes	Estereotipos
Stock	Existencias
Straightforwardness	Franqueza
Supervised	Supervisé
Suppliers	Proveedores
Tactics	Tácticas
Take off, to	Despegar
Take something literally, to	Tomarse algo de manera literal
Take the liberty, to	Tomarse la libertad
Temporary work	Contrato temporal
Ticket collector	Revisor
Time limit	Límite de tiempo
Time-frame	Período de tiempo
Timescale	Período de tiempo

To top it all off...	Para colmo...
Traffic jams	Atascos
True...	Es verdad...
Turnover	Facturación
Unanimous	Unánime
Undervalued	Infravalorado
Unfortunately, I see it differently	Por desgracia, lo veo de otro modo
Unprofitable	No rentable
Unsatisfied	Insatisfecho
Unskilled	No cualificado
Vary widely, to	Variar enormemente
Voicemail	Buzón de voz
Waiting room	Sala de espera
Walk out, to	Marcharse, salir de la habitación
Window seat	Asiento de la ventana
Withold, to	Retener
Work number	Número de trabajo
Working group	Grupo de trabajo

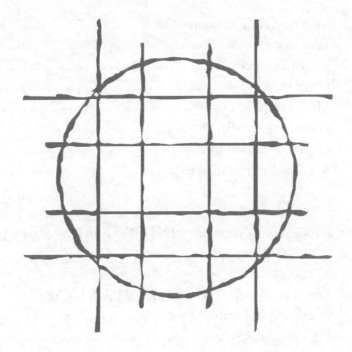

12. EJERCICIOS

1. INTRODUCTIONS

<u>PRESENT SIMPLE</u>

TO BE

1. Escribe oraciones completas utilizando **is/isn't/are/aren't:**

    1. (my father a journalist) <u>MY FATHER IS A JOURNALIST</u>
    2. (her car red) _____
    3. (her children in school today) _____
    4. (his trousers very dirty) _____

5. (John and Kate 30 years old) _____

6. (12 o'clock) _____

7. (he not at work) _____

8. (I very hungry) _____

9. (Mike afraid of dogs) _____

10. (you not very tall) _____

11. (office not closed tomorrow) _____

12. (Mr. Danson not married) _____

2. Forma las siguientes oraciones INTERROGATIVAS con el presente simple:

1. (near / your office?) IS YOUR OFFICE NEAR? _____

2. (interested in football / you?) _____

3. (big / your dog?) _____

4. (your house / cold?) _____

5. (hungry / you?) _____

6. (the shops / closed?) _____

7. (your shoes / new?) _____

8. (interesting / your job?) _____

9. (his car / red?) _____

10. (at home / your mother?) _____

3. Traduce al inglés las siguientes oraciones utilizando el presente simple de TO BE:

1. Tengo sed. I AM THIRSTY _____

2. No soy inglés. Soy español _____

3. Praga es muy turístico _____

4. Hoy hace frío _____

5. Tengo miedo de las arañas _____

6. Mi marido es director de marketing _____

7. Tengo frío. Cierra la ventana, por favor _____
8. No me interesa el fútbol _____
9. Mis padres son profesores _____
10. India es un país muy grande _____

OTROS VERBOS

1. Completa las siguientes oraciones AFIRMATIVAS utilizando el verbo entre paréntesis en presente simple:

    1. I LOVE _____ (love) my husband very much.
    2. The Post Office _____ (close) at eight o'clock.
    3. My little sister _____ (write) a secret diary.
    4. That car was very expensive. It _____ (cost) a fortune.
    5. Shops usually _____ (open) at nine o'clock in the morning.
    6. Her job is quite interesting. She _____ (travel) a lot.
    7. They _____ (go) to the cinema every Saturday.
    8. She _____ (live) in a very small flat.
    9. He _____ (play) the violin.
    10. Lucía _____ (speak) five languages.

2. Pasa las siguientes oraciones AFIRMATIVAS a forma NEGATIVA:

    1. I like my job. I DON'T LIKE MY JOB _____
    2. Susan is a vegetarian _____
    3. My son plays de trumpet _____
    4. I go to the gym on Thursdays _____
    5. His friends are very nice _____
    6. I drink coffee _____
    7. She watches television in the evenings _____
    8. I go to the theatre with my boyfriend _____

9. She eats in restaurants —————————————————
10. His secretary has my phone number —————————
11. María knows where John is ————————————————
12. Her ex-boyfriend talks a lot ————————————————

3. Forma las siguientes oraciones INTERROGATIVAS en presente simple utilizando **do/does**:

1. (go / usually / to the office / what time / he) <u>AT WHAT TIME DOES HE USUALLY GO TO THE OFFICE?</u>
2. (your wife / work / where) ————————————————
3. (like / play / you / tennis) —————————————————
4. (rain / often) ——————————————————————————
5. (you / for lunch / have / usually / what?) ————————
6. (always / you / breakfast / have) ——————————————
7. (what / you / do / after work) ————————————————
8. (your brother / enjoy / football) ——————————————
9. (where / live / you) —————————————————————
10. (he / late / always / arrive) —————————————————

4. Contesta brevemente (**Yes, I do. / No, it doesn't...**):

1. Do you work on Saturdays?
2. Do you play the violin?
3. Do you like your job?
4. Does it rain a lot in your country?
5. Do you live in a big house?

2. NUMBERS

<u>PREPOSITIONS</u>

Recuerde...

At +	una hora concreta	At eight o'clock.
	daytime, night...	At midday.
On +	día de la semana	On Mondays.
	fecha concreta	On the 5th of November.
In +	mes del año	In October.
	año concreto	In 1980.
	estación del año	In Summer.
	momento del día	In the evening.

1.   Completa con **at/on/in**:

    1.   _ON_ the 7th of February.
    2.   _____ the morning.
    3.   _____ half past four.
    4.   _____ Tuesday.
    5.   _____ 1943.
    6.   _____ May.
    7.   _____ night.
    8.   _____ Christmas.
    9.   _____ 11.35 p.m.
    10. _____ Saturday evening.

2.   Completa las siguientes oraciones con **at/on/in**:

    1.   I like to look at the moon _AT_ night.

2. Do you work _____ Sundays?
3. See you _____ ten!
4. My birthday is _____ the 17th of February.
5. Does she go out _____ the evening?
6. John and Paula had a baby _____ May.
7. I'm going on holiday _____ Summer.
8. He moved house _____ 1999.
9. Are you doing anything _____ Friday?
10. The park is beautiful _____ Spring.
11. He's leaving _____ Thursday.
12. I always get up _____ eight o'clock.

3. Señala el error y reescribe las frases correctamente:

1. John isn't at his bedroom.

   _____

2. He is on school today.

   _____

3. His bedroom is in the first floor of his house.

   _____

4. His bicycle is at the cupboard.

   _____

5. Books are in the floor

   _____

3. JOB HUNTING

PAST SIMPLE

TO BE

1. Completa las siguientes oraciones con **am/ is/are** (presente) o **was/were** (pasado simple), según convenga:

    1. What colour _IS_ your new dress?
    2. Where _____ you last Monday?
    3. Last year that house _____ very cheap, but now it _____ very expensive.
    4. I _____ thirsty. Can I have a glass of water?
    5. When I _____ a little boy, I _____ good at football.
    6. _____ they on holiday in Spain last summer?
    7. I like it here. This hotel _____ very nice and the beds _____ very comfortable.
    8. He _____ late for work this morning.
    9. Today the weather _____ terrible, but yesterday it _____ sunny.
    10. Why _____ Mr and Mrs Brown so happy this morning?

OTROS VERBOS

1. Completa el siguiente texto usando los verbos entre paréntesis. ¡Ojo con los irregulares!:

    Last Monday, John _____ (start) a new job. He _____ (arrive) at the office at 9 o'clock and _____ (have) a cup of coffee with his new co-lleagues. He _____ (work) from nine to five, but _____ (stop) for lunch at one. He _____ (eat) a sandwich and then _____ (have) a cup of tea. After work, he _____ (take) a train back home and _____ (go) to a restaurant with his wife.

2. Completa las siguientes oraciones con el verbo en forma negativa:

    1. The shops **opened** on Fridays, but they _DIDN'T OPEN_ on Sundays.
    2. John **went** to the cinema, but Mary _____
    3. We **had** euros, but we _____ dollars.
    4. She **found** the street, but she _____ the house.
    5. Mr Black **studied** Spanish at University, but he _____ German.

3. Completa las siguientes oraciones (afirmativas, interrogativas y negativas) con el verbo entre paréntesis:

    1. Did you see Mr Hicks today? – No, I _DIDN'T HAVE_ (not have) time.
    2. Joanna _____ (go) on holiday to Greece last Summer.
    3. _____ (snow) in London yesterday?
    4. I gave Sarah her present. – Really? _____ (like) it?
    5. We went to a hotel in Prague, but the rooms were very small, so we _____ (not enjoy) it.

4. Completa las siguientes respuestas cortas:

    1. Did you go to the cinema yesterday? Yes, _I DID_
    2. Did it rain last night? No, _____
    3. Did he like the surprise party? Yes, _____
    4. Did your children go to school last week? No, _____
    5. Did Mr Brown phone you? No, _____

PRESENTE CONTINUO

1. Completa las siguientes oraciones en presente continuo:

    1. Look! Rick _IS SWIMMING_ (swim) in the lake!

2. Where's Sarah? – She _____ (have) a bath.
3. We're in Granada on holidays. We _____ (stay) in a nice hotel in the centre.
4. I _____ (read) a book on the Civil War.
5. You _____ (not listen) to me!
6. They _____ (build) a new cinema in the outskirts.
7. Please turn off the music. I _____ (study).
8. My children _____ (do) their homework.
9. The weather isn't very nice. It _____ (rain) at the moment.
10. Why don't you turn off the TV? You _____ (not watch) it.

2. Forma las siguientes oraciones interrogativas en presente continuo:

1. Where / Paul / go – WHERE IS PAUL GOING?
2. Why / you / look / at me –
3. Work / we / today –
4. Susan and Mark / television / watch –
5. What / Laura / cook –

3. **¿Presente simple** o **presente continuo?** Averigua qué tiempo verbal se usa en las siguientes oraciones, presente simple (para hablar de acciones que son verdad en general, o que tiene lugar siempre o a veces) o presente continuo (acciones que se están desarrollando ahora mismo, en el momento en que se habla):

1. Excuse me. DO YOU SPEAK (speak) English?
2. I'm sorry. I _____ (not understand).
3. Listen! James _____ (play) the saxophone!
4. At what time _____ (he finish) work?
5. Ann is in the kitchen. She _____ (cook) lunch.

PRESENTE PERFECTO

1. Completa las siguientes oraciones en presente perfecto:

   1. I _HAVE LOST_ (lost) my passport.
   2. He _____ (live) there all his life.
   3. Mike _____ (finish) his book.
   4. He _____ (be) married for 25 years.
   5. Noah _____ (not arrive) yet.
   6. She _____ (not go) to London.
   7. They _____ (know) their friends since secondary school.
   8. He _____ (study) medicine for three years now.
   9. We like travelling. We _____ (visit) many countries.
   10. He _____ (own) the shop for 22 years.

4. COMMUNICATION

WOULD LIKE

1. Completa las siguientes oraciones afirmativas, interrogativas y negativas con **would like** según convenga:

    1. What <u>WOULD YOU LIKE?</u> Tea or coffee? – Mmmh... Tea, please.
    2. <u>I WOULD LIKE TO VISIT</u> (visit) Argentina.
    3. _____ (you / go) for a walk in the park?
    4. I _____ (have) a drink, please.
    5. My grandfather _____ (see) the mountaintops.
    6. I _____ (not find out).
    7. _____ (you / be) somewhere else? – Yes, _____
    8. _____ (you / work) in another company? – No, _____
    9. He _____ (visit) Athens.
    10. My son _____ (buy) a dog.

PRONOMBRES

1. Completa con los pronombres personales, según convenga:

    1. I don't know that woman. Do you know <u>HER</u> ?
        Who is <u>SHE</u> ?
    2. I never eat oranges. I don't like _____
    3. I want to marry her, but _____ doesn't want to marry _____!
    4. My neighbour seems very nice. I would like to meet _____
    5. This is my new car. Do you like _____?
    6. I can't find my keys. Where are _____?
    7. We're going to the opera. Do you want to come with _____?
    8. Is _____ the new Marketing Director?

9. I don't want this book. You can have _____

10. The note on the flowers has your name, so I suppose they are for _____

11. Maria likes music _____ plays the piano.

12. Where's the map? Have you seen _____ ?

2. Completa con el pronombre personal correcto:

1. Tony and you _____
2. Book _____
3. Chairs _____
4. Dog _____
5. Pen _____
6. Man _____
7. Computer _____
8. Susan and I _____
9. Dictionary _____
10. Martha and Tony _____

5. BUSINESS TRIPS

<u>QUESTION WORDS</u>

1.   Forma oraciones con WHO:

    1.   Mr. Black stole the ring. <u>WHO STOLE THE RING</u>?
    2.   Somebody is coming. _____ ?
    3.   She knows the answer. _____ ?
    4.   Somebody phoned me yesterday. _____ ?
    5.   My daughter lives there. _____ ?

2.   Forma oraciones con WHAT:

    1.   Pablo did something. <u>WHAT DID PABLO DO</u>?
    2.   A noise woke me up. _____ ?
    3.   That word means something. _____ ?
    4.   They ate fruit. _____ ?
    5.   Mrs Blue visited Madrid. _____ ?

3.   Forma oraciones con WHEN:

    1.   I went to his office. <u>WHEN DID YOU GO TO HIS OFFICE</u>?
    2.   I worked in that company. _____ ?
    3.   They got married. _____ ?
    4.   Martha went to Rome. _____ ?
    5.   We lived in Dublin. _____ ?

4.   Forma oraciones con WHERE:

    1.   I was born in Madrid. <u>WHERE WERE YOU BORN</u>?

2. We had lunch in a restaurant. _____ ?
3. I live in Murcia. _____ ?
4. He parked the car. _____ ?
5. They went to Brighton. _____ ?

5. Forma oraciones con WHY:

1. He killed his boss. <u>WHY DID HE KILL HIS BOSS?</u>
2. Mr. Black got divorced. _____ ?
3. I was angry yesterday. _____ ?
4. Her husband left her. _____ ?
5. They are moving to France. _____ ?

6. Forma oraciones con HOW:

1. He smashed his car. <u>HOW DID HE SMASH HIS CAR?</u>
2. She did it. _____ ?
3. They escaped from jail. _____ ?
4. John went to the office. _____ ?
5. I am feeling good. _____ ?

FUTURE: GOING TO

1. Completa las siguientes oraciones en futuro (going to...):

1. I don't want to go walking. I <u>AM GOING TO TAKE</u> (take) a taxi.
2. Your car is very dirty. _____ you _____ (wash) it?
3. I don't care what you say. I _____ (not go) to her wedding.
4. Are you hungry? I _____ (buy) a pizza.

5. I _____ (give) my mother some flowers for mother's day.

6. They are fed up. They say they _____ (not visit) Mark ever again.

7. _____ you _____ (invite) her to your party?

8. I think it _____ (rain) tomorrow.

9. They _____ (play) football on Saturday.

10. I _____ (make) some breakfast.

6.   MEETINGS AND CONVENTIONS

1.   Completa las siguientes oraciones con el verbo entre paréntesis y **can** o **can't**:

    1.   My brother has been living in England for a year. He _____ (speak) English very well.
    2.   Look, the view is beautiful. You _____ (see) the sea from my balcony.
    3.   Have you seen Ann? I went to her house but she's not there. I _____ (find) her.
    4.   Thank you, but I'm not very hungry. I _____ (eat) all that.
    5.   He is a very good musician. He _____ (play) the piano and the Spanish guitar.

2.   Completa las siguientes oraciones con el verbo entre paréntesis y **could** o **couldn't**:

    1.   Mrs Debono _____ (come) to the meeting yesterday because she was in hospital.
    2.   I was very tired last night, but I _____ (sleep).
    3.   She _____ (go) to the exams, so she failed.
    4.   Now Brian can speak Spanish, but last year he _____ (understand) anything.
    5.   When I was a teenager, I _____ (run) the 100 meters without getting tired.

3.   Traduce las siguientes interrogativas utilizando **can** o **could** (según el nivel de formalidad):

    1.   ¿Puedes cerrar la ventana? _____
    2.   ¿Podría traerme un vaso de agua? _____
    3.   ¿Me pasas el azúcar? _____
    4.   ¿Puedes prestarme ese libro? _____
    5.   ¿Podría hablar con Mr Hicks, por favor? _____

7. SOCIAL EVENTS

FUTURE: WILL

1. Completa las siguientes oraciones en futuro con **will** o **won't**:

    1. Tomorrow I am going to Venice. I _____ be here tomorrow.
    2. Do you think our football team _____ win the match?
    3. I'm very sorry about what happened. I promise I _____ do it again.
    4. The weather looks fine. I don't think it _____ rain this afternoon.
    5. They hate eggs. I'm afraid they _____ eat the omelette.
    6. _____ you be at home tonight? I have to see you as soon as possible.
    7. I don't want you to go. I _____ allow it.
    8. He _____ probably be in her house.
    9. Do you think she _____ like me?
    10. Don't worry, we _____ visit you soon, maybe next month.
    11. He is very selfish. He _____ lend me his bike!
    12. We _____ probably go to the cinema on Saturday.

2. ¿Presente, pasado o futuro? Completa el siguiente texto en pasado simple, presente simple o futuro con **will**, según convenga. Utiliza el verbo TO BE:

    Laura Brown is an interpreter. She works as a freelance and has to travel a lot.
    Last month SHE WAS in Brussels and then _____ in Paris.
    Now _____ in Madrid.
    Tomorrow, _____ in Barcelona and, next week, _____ in Viena.
    Probably next year _____ in Brussels again, because she wants to work for the European Commission.

She is very tired of travelling.
When she is on holiday, she stays at home!

3. Forma preguntas con **will**:

> 1. I will be ready at five o'clock. WILL YOU BE READY AT FIVE O'CLOCK?
> 2. He will live in Germany next year. ————————
> 3. She will buy a new car next month. ————————
> 4. They will get married this Summer. ————————
> 5. She will be apointed Prime Minister. ————————

4. Completa las siguientes frases con **will** o con **won't**:

> 1. People _____ get serious diseases like cancer.
> 2. All people around the world _____ use the same currency.
> 3. Men and women _____ continue to marry.
> 4. Everybody _____ have a computer at home.
> 5. Trains _____ travel very fast.
> 6. All people _____ speak the same language.
> 7. People _____ carry money.

8. THE ART OF CONVERSATION

POSESIVOS

1. Completa las siguientes oraciones con los pronombres posesivos **my, your, his, her, its, our, their**:

   1. I want to send him a postcard. Have you got _____ address?
   2. This village is beautiful. _____ houses are all small and white.
   3. I think people are generally unhappy with _____ lives.
   4. Children! Wash _____ hands before coming to the table!
   5. He enjoys being a teacher. He likes _____ job.
   6. We are worried about _____ son. He is a bit naughty.
   7. I can't open the door. I can't find _____ keys.
   8. It looks like its going to rain. Take _____ umbrella with you.
   9. John has two daughters. _____ oldest daughter works in a bakery.
   10. They are a very close family. Ann and Jill have dinner with _____ parents every Sunday.

2. Completa las siguientes oraciones con una de las palabras de la lista y un posesivo:

   House
   Boss
   Parents
   Hands
   Boyfriend
   Children
   Name
   Dog
   Brother
   Acqueduct

1. Have you met your new neighbour? – Yes, but I can't remember _____

2. Segovia is famous for _____

3. My grandfather was an architect. He designed _____

4. That boy is always playing in the mud. _____ are always dirty.

5. Sue likes animals a lot. _____ is called Spot.

6. We really like the new job. _____ seems very nice.

7. I think I have fallen in love with _____ . We are very happy together.

8. He hasn't enough money to rent a flat, so he still lives with _____

9. I like _____ . He is very smart and good looking.

10. They are both teachers, and have educated _____ very well.

ADVERBIOS DE FRECUENCIA

1. Reescribe las siguientes oraciones usando el adverbio entre paréntesis:

   1. When they visit Madrid, they stay at their parent's house. (always)

      _____

   2. Have you won a medal? (ever)

      _____

   3. Joanne has been given the sack. (just)

      _____

   4. I am ill. (never)

      _____

   5. Do you live in the same city? (still)

      _____

   6. The shops close on Saturday. (usually)

      _____

7. He plays football. (often)

_____

8. Hugh gets very angry. (sometimes)

_____

9. You arrive late. (rarely)

_____

10. We watch television. (seldom)

_____

2. En las siguientes frases añadir el adverbio de frecuencia en el lugar correcto:

    1. I listen to the radio at home. (rarely).

    _____

    2. I arrive lete. (sometimes).

    _____

    3. I get up at 7 a.m. (always).

    _____

    4. I listen to the radio at home. (rarely).

    _____

    5. I eat eggs for breakfast. (never).

    _____

9. NEGOTIATING: GETTING WHAT YOU WANT

VERBOS MODALES

1. ¿Qué planes tienes? No estás del todo seguro, así que contesta a las siguientes preguntas con **I might** utilizando las palabras clave entre paréntesis:

    1. When will you be back from holidays? (Monday)
       I'm not sure. I MIGHT BE BACK ON MONDAY.
    2. Where are you going to live next year? (Barcelona)
       I'm not sure. _____
    3. What are you going to have for lunch? (salad)
       I haven't decided. _____
    4. Who are you going to visit in France? (Jean)
       I'm not sure. _____
    5. At what time are you getting up? (8 o'clock)
       I don't know. _____
    6. Are you going to do any sports this week? (play tennis)
       I'm not sure. _____
    7. Will you call him? (phone / today)
       I don't know. _____

2. Completa las siguientes oraciones con **must** y los verbos entre paréntesis:

    1. My car is very dirty. I _____ it this week. (wash)
    2. This play is great. You _____ it. (watch)
    3. That way of behaving is very silly. He _____ immediately. (stop)
    4. We are not going to Bilbao in the end. I _____ David to tell him. (phone)
    5. He doesn't love you anymore. You _____ him. (forget)

3. Completa las siguientes oraciones con **should** y el verbo entre paréntesis:

    1. You hate your boss! You _____ another job. (get)
    2. Their children _____ in the street, not with the computer. (play)
    3. She has been working too hard. She _____ a long, relaxing holiday abroad. (have)
    4. Sue drives too fast. She _____ more carefully. (drive)
    5. Do you think I _____ Mike to the party? (invite)

4. Completa las siguientes oraciones con **must, musn't o needn't**:

    1. She _____ take a taxi. I'll take her.
    2. You _____ listen the teacher.
    3. You _____ go near the fire. It's dangerous.
    4. You _____ wash clothes in your room.
    5. You _____ go to sleep.
    6. You _____ make the beds. I'll do it
    7. You _____ cheat or copy in an exam.
    8. You _____ take food into your room.

RESPUESTAS

1. INTRODUCTIONS

PRESENT SIMPLE

TO BE

1. Escribe oraciones completas utilizando **is/isn't/are/aren't**:

1. MY FATHER IS A JOURNALIST.
2. Her car is red.
3. Her children are in school today.
4. His trousers are very dirty.
5. John and Kate are 30 years old.
6. It is 12 o'clock.
7. He isn't at work.
8. I am very hungry.
9. Mike is afraid of dogs.
10. You aren't very tall.
11. The office isn't closed tomorrow.
12. Mr. Danson isn't married.

2. Forma las siguientes oraciones INTERROGATIVAS con el presente simple:

1. IS YOUR OFFICE NEAR?
2. Are you interested in football?
3. Is your dog big?
4. Is your house cold?
5. Are you hungry?
6. Are the shops closed?

7. Are your shoes new?
8. Is your job interesting?
9. Is his car red?
10. Is your mother at home?

3. Traduce al inglés las siguientes oraciones utilizando el presente simple de TO BE:

1. I AM THIRSTY
2. I am not English. I am Spanish.
3. Prague is very touristic.
4. It is cold today.
5. I am afraid of spiders.
6. My husband is Marketing Director.
7. I am cold. Please close the window.
8. I am not interested in football.
9. My parents are teachers.
10. India is a very large country.

OTROS VERBOS

1. Completa las siguientes oraciones AFIRMATIVAS utilizando el verbo entre paréntesis en presente simple:

1. I LOVE my husband very much.
2. The Post Office closes at eight o'clock.
3. My little sister writes a secret diary.
4. That car was very expensive. It costs a fortune.
5. Shops usually open at nine o'clock in the morning.
6. Her job is quite interesting. She travels a lot.
7. They go to the cinema every Saturday.
8. She lives in a very small flat.

9. He plays the violin.

10. Lucía speaks five languages.

2. Pasa las siguientes oraciones AFIRMATIVAS a forma NEGATIVA:

1. I DON'T LIKE MY JOB

2. Susan is not a vegetarian.

3. My son does not play de trumpet.

4. I don't go to the gym on Thursdays.

5. His friends are not very nice.

6. I don't drink coffee.

7. She doesn't watch television in the evenings.

8. I don't go to the theatre with my boyfriend.

9. She doesn't eat in restaurants.

10. His secretary doesn't have my phone number.

11. María doesn't know where John is.

12. Her ex-boyfriend doesn't talk a lot.

3. Forma las siguientes oraciones INTERROGATIVAS en presente simple utilizando **do/does**:

1. AT WHAT TIME DOES HE USUALLY GO TO THE OFFICE?

2. Where does your wife work?

3. Do you like to play tennis?

4. Does it rain often?

5. What do you usually have for lunch?

6. Do you always have breakfast?

7. What do you do after work?

8. Does your brother enjoy football?

9. Where do you live?

10. Does he always arrive late?

4. Contesta brevemente (**Yes, I do. / No, it doesn't...**):

    1. Yes, I do / No, I don't
    2. Yes, I do / No, I don't
    3. Yes, I do / No, I don't
    4. Yes, it does
    5. Do you live in a big house?

2. NUMBERS

PREPOSITIONS

1. Completa con **at/on/in**:

    1. ON the 7th of February.
    2. IN the morning.
    3. AT half past four.
    4. ON Tuesday.
    5. IN 1943.
    6. IN May.
    7. AT night.
    8. ON Christmas.
    9. AT 11.35 p.m.
    10. ON Saturday evening.

2. Completa las siguientes oraciones con **at/on/in**:

    1. I like to look at the moon AT night.
    2. Do you work ON Sundays?
    3. See you AT ten!
    4. My birthday is ON the 17th of February.

5. Does she go out IN the evening?
6. John and Paula had a baby IN May.
7. I'm going on holiday IN Summer.
8. He moved house IN 1999.
9. Are you doing anything ON Friday?
10. The park is beautiful IN Spring.
11. He's leaving ON Thursday.
12. I always get up AT eight o'clock.

3. Señala el error y reescribe las frases correctamente:

1. John isn't IN at his bedroom.
2. He is AT on school today.
3. His bedroom is ON in the first floor of his house.
4. His bicycle is IN at the cupboard.
5. Books are ON in the floor

3. JOB HUNTING

PAST SIMPLE

TO BE

1. Completa las siguientes oraciones con **am/ is/are** (presente) o **was/were** (pasado simple), según convenga:

1. What colour IS your new dress?
2. Where WERE you last Monday?
3. Last year that house WAS very cheap, but now it IS very expensive.
4. I AM thirsty. Can I have a glass of water?
5. When I WAS a little boy, I WAS good at football.

6. WERE they on holiday in Spain last summer?
7. I like it here. This hotel IS very nice and the beds ARE very comfortable.
8. He WAS late for work this morning.
9. Today the weather IS terrible, but yesterday it WAS sunny.
10. Why ARE Mr and Mrs Brown so happy this morning?

OTROS VERBOS

1. Completa el siguiente texto usando los verbos entre paréntesis. ¡Ojo con los irregulares!:

Last Monday, John STARTED (start) a new job. He ARRIVED (arrive) at the office at 9 o'clock and HAD (have) a cup of coffee with his new colleagues. He WORKED (work) from nine to five, but STOPPED (stop) for lunch at one. He ATE (eat) a sandwich and then HAD (have) a cup of tea. After work, he TOOK (take) a train back home and WENT (go) to a restaurant with his wife.

2. Completa las siguientes oraciones con el verbo en forma negativa:

1. The shops **opened** on Fridays, but they DIDN'T OPEN on Sundays.
2. John **went** to the cinema, but Mary DIDN'T GO
3. We **had** euros, but we DIDN'T HAVE dollars.
4. She **found** the street, but she DIDN'T FIND the house.
5. Mr. Black **studied** Spanish at University, but he DIDN'T STUDY German.

3. Completa las siguientes oraciones (afirmativas, interrogatives y negativas) con el verbo entre paréntesis:

1. Did you see Mr. Hicks today? – No, I din't have (not have) time.

2. Joanna WENT (go) on holiday to Greece last Summer.
3. DID IT SNOW (snow) in London yesterday?
4. I gave Sarah her present. – Really? DID SHE LIKE (like) it?
5. We went to a hotel in Prague, but the rooms were very small, so we DID NOT ENJOY (not enjoy) it.

4. Completa las siguientes respuestas cortas:

1. Did you go to the cinema yesterday? Yes, I DID.
2. Did it rain last night? No, IT DIDN'T.
3. Did he like the surprise party? Yes, HE DID.
4. Did your children go to school last week? No, THEY DIDN'T.
5. Did Mr. Brown phone you? No, HE DIDN'T.

PRESENTE CONTINUO

1. Completa las siguientes oraciones en presente continuo:

1. Look! Rick IS SWIMMING (swim) in the lake!
2. Where's Sarah? – She IS HAVING (have) a bath.
3. We're in Granada on holidays. We ARE STAYING (stay) in a nice hotel in the centre.
4. I AM READING (read) a book on the Civil War.
5. You ARE NOT LISTENING (not listen) to me!
6. They ARE BUILDING (build) a new cinema in the outskirts.
7. Please turn off the music. I AM STUDYING (study).
8. My children ARE DOING (do) their homework.
9. The weather isn't very nice. It IS RAINING (rain) at the moment..
10. Why don't you turn off the TV? You ARE NOT WATCHING (not watch) it.

2. Forma las siguientes oraciones interrogativas en presente continuo:

1. Where / Paul / go – WHERE IS PAUL GOING?
2. Why / you / look / at me – WHY ARE YOU LOOKING AT ME?
3. Work / we / today – ARE WE WORKING TODAY?
4. Susan and Mark / television / watch – ARE SUSAN AND MARK WATCHING TELEVISION?
5. What / Laura / cook – WHAT IS LAURA COOKING?

3. **¿Presente simple** o **presente continuo?** Averigua qué tiempo verbal se usa en las siguientes oraciones:

1. Excuse me. DO YOU SPEAK (speak) English?
2. I'm sorry. I DON'T UNDERSTAND (not understand).
3. Listen! James IS PLAYING (play) the saxophone!
4. At what time DOES HE FINISH (he finish) work?
5. Ann is in the kitchen. She IS COOKING (cook) lunch.

PRESENTE PERFECTO

1. Completa las siguientes oraciones en presente perfecto:

1. I HAVE LOST (lost) my passport.
2. He HAS LIVED (live) there all his life.
3. Mike HAS FINISHED (finish) his book.
4. He HAS BEEN (be) married for 25 years.
5. Noah HAS NOT ARRIVED (not arrive) yet.
6. She HAS NOT GONE (not go) to London.
7. They HAVE KNOW (know) their friends since secondary school.
8. He HAS STUDIED (study) medicine for three years now.
9. We like travelling. We HAVE VISITED (visit) many countries.
10. He HAS OWNED (own) the shop for 22 years.

4. COMMUNICATION

WOULD LIKE

1. Completa las siguientes oraciones afirmativas, interrogativas y negativas con **would like** según convenga:

    1. What WOULD YOU LIKE ? Tea or coffee? – Mmmh... Tea, please.
    2. I WOULD LIKE TO VISIT (visit) Argentina.
    3. WOULD YOU LIKE TO GO (go) for a walk in the park?
    4. I WOULD LIKE TO HAVE (have) a drink, please.
    5. My grandfather WOULD LIKE TO SEE (see) the mountain-tops.
    6. I WOULDN'T LIKE TO FIND OUT (not find out).
    7. WOULD YOU LIKE TO BE (be) somewhere else? – Yes, I WOULD.
    8. WOULD YOU LIKE TO WORK (work) in another company? – No, I WOULDN'T
    9. He WOULD LIKE TO VISIT (visit) Athens.
    10. My son WOULD LIKE TO BUY (buy) a dog.

PRONOMBRES

1. Completa con los pronombres personales, según convenga:

    1. I don't know that woman. Do you know HER? Who is SHE?
    2. I never eat oranges. I don't like THEM
    3. I want to marry her, but SHE doesn't want to marry ME!
    4. My neighbour seems very nice. I would like to meet HIM/HER.
    5. This is my new car. Do you like IT?
    6. I can't find my keys. Where are THEY?
    7. We're going to the opera. Do you want to come with US?
    8. Is HE the new Marketing Director?
    9. I don't want this book. You can have IT.

10. The note on the flowers has your name, so I suppose they are for YOU.
11. Maria likes music. SHE plays the piano.
12. Where's the map? Have you seen IT?

2. Completa con el pronombre personal correcto:

1. Tony and you YOU
2. Book IT
3. Chairs THEY
4. Dog IT
5. Pen IT
6. Man HE
7. Computer IT
8. Susan and I WE
9. Dictionary IT
10. Martha and Tony THEY

5. BUSINESS TRIPS

QUESTION WORDS

1. Forma oraciones con WHO:

1. Mr. Black stole the ring. WHO STOLE THE RING?
2. Somebody is coming. WHO IS COMING?
3. She knows the answer. WHO KNOWS THE ANSWER?
4. Somebody phoned me yesterday. WHO PHONED YOU YESTERDAY?
5. My daughter lives there. WHO LIVES THERE?

2. Forma oraciones con WHAT:

    1. Pablo did something. WHAT DID PABLO DO?
    2. A noise woke me up. WHAT WOKE YOU UP?
    3. That word means something. WHAT DOES THAT WORD MEAN?
    4. They ate fruit. WHAT DID THEY EAT?
    5. Mrs Blue visited Madrid. WHAT DID MRS BLUE VISIT?

3. Forma oraciones con WHEN:

    1. I went to his office. WHEN DID YOU GO TO HIS OFFICE?
    2. I worked in that company. WHEN DID YOU WORK IN THAT COMPANY?
    3. They got married. WHEN DID THEY GET MARRIED?
    4. Martha went to Rome. WHEN DID MARTHA GO TO ROME?
    5. We lived in Dublin. WHEN DID YOU LIVE IN DUBLIN?

4. Forma oraciones con WHERE:

    1. I was born in Madrid. WHERE WERE YOU BORN?
    2. We had lunch in a restaurant. WHERE DID YOU HAVE LUNCH?
    3. I live in Murcia. WHERE DO YOU LIVE?
    4. He parked the car. WHERE DID HE PARK THE CAR?
    5. They went to Brighton. WHERE DID THEY GO?

5. Forma oraciones con WHY:

    1. He killed his boss. WHY DID HE KILL HIS BOSS?
    2. Mr. Black got divorced. WHY DID MR BLACK GET DIVORCED?
    3. I was angry yesterday. WHY WERE YOU ANGRY YESTERDAY?

4. Her husband left her. WHY DID HER HUSBAND LEAVE HER?

5. They are moving to France. WHY ARE THEY MOVING TO FRANCE?

6. Forma oraciones con HOW:

1. He smashed his car. HOW DID HE SMASH HIS CAR?
2. She did it. HOW DID SHE DO IT?
3. They escaped from jail. HOW DID THEY ESCAPE FROM JAIL?
4. John went to the office. HOW DID JOHN GO TO THE OFFICE?
5. I am feeling good. HOW ARE YOU FEELING?

FUTURE: GOING TO

1. Completa las siguientes oraciones en futuro (going to...):

1. I don't want to go walking. I AM GOING TO TAKE (take) a taxi.
2. Your car is very dirty. ARE you GOING TO WASH (wash) it?
3. I don't care what you say. I AM NOT GOING (not go) to her wedding.
4. Are you hungry? I AM GOING TO BUY (buy) a pizza.
5. I AM GOING TO GIVE (give) my mother some flowers for mother's day.
6. They are fed up. They say they ARE NOT GOING TO VISIT (not visit) Mark ever again.
7. ARE you GOING TO INVITE (invite) her to your party?
8. I think it IS GOING TO RAIN (rain) tomorrow.
9. They ARE GOING TO PLAY (play) football on Saturday.
10. I AM GOING TO MAKE (make) some breakfast.

6. MEETINGS AND CONVENTIONS

1. Completa las siguientes oraciones con el verbo entre paréntesis y **can** o **can't**:

    1.. My brother has been living in England for a year. He CAN SPEAK (speak) English very well.
    2. Look, the view is beautiful. You CAN SEE (see) the sea from my balcony.
    3. Have you seen Ann? I went to her house but she's not there. I CAN'T FIND (find) her.
    4. Thank you, but I'm not very hungry. I CAN'T EAT (eat) all that.
    5. He is a very good musician. He CAN PLAY (play) the piano and the Spanish guitar.

2. Completa las siguientes oraciones con el verbo entre paréntesis y **could** o **couldn't**:

    1. Mrs Debono COULDN'T COME (come) to the meeting yesterday because she was in hospital.
    2. I was very tired last night, but I COULDN'T SLEEP (sleep).
    3. She COULDN'T GO (go) to the exams, so she failed.
    4. Now Brian can speak Spanish, but last year he COULDN'T UNDERSTAND (understand) anything.
    5. When I was a teenager, I COULD RUN (run) the 100 meters without getting tired.

3. Traduce las siguientes interrogativas utilizando **can** o **could** (según el nivel de formalidad):

    1. ¿Puedes cerrar la ventana? CAN YOU CLOSE THE WINDOW?

2. ¿Podría traerme un vaso de agua? COULD YOU BRING ME A GLASS OF WATER?

3. ¿Me pasas el azúcar? CAN YOU PASS ME THE SUGAR?

4. ¿Puedes prestarme ese libro? CAN YOU LEND ME THAT BOOK?

5. ¿Podría hablar con Mr Hicks, por favor? COULD I SPEAK TO MR. HICKS, PLEASE?

7. SOCIAL EVENTS

FUTURE: WILL

1. Completa las siguientes oraciones en futuro con **will** o **won't**:

   1. Tomorrow I am going to Venice. I WON'T be here tomorrow.
   2. Do you think our football team WILL win the match?
   3. I'm very sorry about what happened. I promise I WON'T do it again.
   4. The weather looks fine. I don't think it WILL rain this afternoon.
   5. They hate eggs. I'm afraid they WON'T eat the omelette.
   6. WILL you be at home tonight? I have to see you as soon as possible.
   7. I don't want you to go. I WON'T allow it.
   8. He WILL probably be in her house.
   9. Do you think she WILL like me?
   10. Don't worry, we WILL visit you soon, maybe next month.
   11. He is very selfish. He WON'T lend me his bike!
   12. We WILL probably go to the cinema on Saturday.

2. ¿Presente, pasado o futuro? Completa el siguiente texto en pasado simple, presente simple o futuro con **will**, según convenga. Utiliza el verbo TO BE:

    Laura Brown is an interpreter. She works as a freelance and has to travel a lot.
    Last month SHE WAS in Brussels and then SHE WAS in Paris.
    Now SHE IS in Madrid.
    Tomorrow, SHE WILL BE in Barcelona and, next week, SHE WILL BE in Viena.
    Probably next year SHE WILL BE in Brussels again, because she wants to work for the European Commission.
    She is very tired of travelling.
    When she is on holiday, she stays at home!

3. Forma preguntas con **will**:

    1. WILL YOU BE READY AT FIVE O'CLOCK?
    2. WILL HE LIVE IN GERMANY NEXT YEAR?
    3. WILL SHE BUY A CAR NEXT MONTH?
    4. WILL THEY GET MARRIED THIS SUMMER?
    5. WILL SHE BE APPOINTED PRIME MINISTER?

4. Completa las siguientes frases con **will** o con **won't**:

    1. People WON'T get serious diseases like cancer.
    2. All people around the world WILL use the same currency.
    3. Men and women WILL continue to marry.
    4. Everybody WILL have a computer at home.
    5. Trains WON'T travel very fast.
    6. All people WON'T speak the same language.
    7. People WON'T carry money.

8. THE ART OF CONVERSATION

POSESIVOS

1. Completa las siguientes oraciones con los pronombres posesivos **my, your, his, her, its, our, their**:

    1. I want to send him a postcard. Have you got HIS address?
    2. This village is beautiful. ITS houses are all small and white.
    3. I think people are generally unhappy with THEIR lives.
    4. Children! Wash YOUR hands before coming to the table!
    5. He enjoys being a teacher. He likes HIS job.
    6. We are worried about OUR son. He is a bit naughty.
    7. I can't open the door. I can't find MY keys.
    8. It looks like its going to rain. Take YOUR umbrella with you.
    9. John has two daughters. HIS oldest daughter works in a bakery.
    10. They are a very close family. Ann and Jill have dinner with THEIR parents every Sunday.

2. Completa las siguientes oraciones con una de las palabras de la lista y un posesivo:

    1. Have you met your new neighbour? – Yes, but I can't remember HIS NAME
    2. Segovia is famous for ITS ACQUEDUCT
    3. My grandfather was an architect. He designed MY HOUSE
    4. That boy is always playing in the mud. HIS HANDS are always dirty.
    5. Sue likes animals a lot. HER DOG is called Spot.
    6. We really like the new job. OUR BOSS seems very nice.
    7. I think I have fallen in love with MY BOYFRIEND We are very happy together.
    8. He hasn't enough money to rent a flat, so he still lives with HIS PARENTS

9. I like YOUR BROTHER He is very smart and good loo-king.

10. They are both teachers, and have educated THEIR CHILDREN very well.

ADVERBIOS DE FRECUENCIA

1. Reescribe las siguientes oraciones usando el adverbio entre parénte-sis:

   1. When they visit Madrid, they ALWAYS stay at their parent's house. (always)
   2. Have you EVER won a medal? (ever)
   3. Joanne has JUST been given the sack. (just)
   4. I am NEVER ill. (never)
   5. Do you STILL live in the same city? (still)
   6. The shops USUALLY close on Saturday. (usually)
   7. He OFTEN plays football. (often)
   8. Hugh SOMETIMES gets very angry. (sometimes)
   9. You RARELY arrive late. (rarely)
   10. We SELDOM watch television. (seldom)

2. En las siguientes frases añadir el adverbio de frecuencia en el lugar correcto:

   1. I RARELY listen to the radio at home. (rarely).
   2. I SOMETIMES arrive lete. (sometimes).
   3. I ALWAYS get up at 7 a.m. (always).
   4. I USUALLY listen to the radio at home. (rarely).
   5. I NEVER eat eggs for breakfast. (never).

9. NEGOTIATING: GETTING WHAT YOU WANT

<u>VERBOS MODALES</u>

1. ¿Qué planes tienes? No estás del todo seguro, así que contesta a las siguientes preguntas con **I might** utilizando las palabras clave entre paréntesis:

   1. When will you be back from holidays? (Monday)
      I'm not sure. I MIGHT BE BACK ON MONDAY.
   2. Where are you going to live next year? (Barcelona)
      I'm not sure. I MIGHT LIVE IN BARCELONA.
   3. What are you going to have for lunch? (salad)
      I haven't decided. I MIGHT HAVE A SALAD.
   4. Who are you going to visit in France? (Jean)
      I'm not sure. I MIGHT VISIT JEAN.
   5. At what time are you getting up? (8 o'clock)
      I don't know. I MIGHT GET UP AT 8 O'CLOCK.
   6. Are you going to do any sports this week? (play tennis)
      I'm not sure. I MIGHT PLAY TENNIS.
   7. Will you call him? (phone / today)
      I don't know. I MUGHT PHONE HIM TODAY.

2. Completa las siguientes oraciones con **must** y los verbos entre paréntesis:

   1. My car is very dirty. I MUST WASH it this week. (wash)
   2. This play is great. You MUST WATCH it. (watch)
   3. That way of behaving is very silly. He MUST STOP immediately. (stop)
   4. We are not going to Bilbao in the end. I MUST PHONE David to tell him. (phone)
   5. He doesn't love you anymore. You MUST FORGET him. (forget)

3. Completa las siguientes oraciones con **should** y el verbo entre paréntesis:

    1. You hate your boss! You SHOULD GET another job. (get)
    2. Their children SHOULD PLAY in the street, not with the computer. (play)
    3. She has been working too hard. She SHOULD HAVE a long, relaxing holiday abroad. (have)
    4. Sue drives too fast. She SHOULD DRIVE more carefully. (drive)
    5. Do you think I SHOULD INVITE Mike to the party? (invite)

4. Completa las siguientes oraciones con **must, musn-t o needn't:**

    1. She NEEDN'T take a taxi. I'll take her.
    2. You MUST listen the teacher.
    3. You MUSN'T go near the fire. It's dangerous.
    4. You MUSN'T wash clothes in your room.
    5. You MUSN'T go to sleep.
    6. You NEEDN'T make the beds. I'll do it
    7. You MUSN'T cheat or copy in an exam.
    8. You MUSN'T take food into your room.

TABLA DE CONTENIDOS